"中国特色高水平专业群"新形态活页式系列教材

茶馆连锁经营

主　编：张则岭
副主编：何永权　陈　星
联合开发：数字产业学院（杭州）

电子工业出版社
Publishing House of Electronics Industry
北京·BEIJING

内 容 简 介

茶馆是茶叶营销的重要载体,做好茶馆经营是茶叶行业发展的重要内容。随着互联网科技的发展,茶馆作为茶艺时尚文化和传统文化的融合体,如何借助互联网科技发挥茶艺传统文化优势,突出茶馆连锁经营管理的内涵和特征,成为茶馆行业经营的关键。本书主要服务于茶叶营销、茶叶加工技术、茶文化等专业学生的学习,在茶馆经营行业中,能够服务于企业经营管理,是茶馆经营必备的参考书;在高职学习过程中,能够服务于专业的课程学习。作为活页教材,它更适应高职茶类专业的学生学习和应用,图书可以满足茶类专业学生的学习需求。本书的主要读者为学习茶叶类专业的高职学生、本科学生,同时对于茶馆经营者而言,是一本不可多得的经营参考书。

未经许可,不得以任何方式复制或抄袭本书之部分或全部内容。
版权所有,侵权必究。

图书在版编目(CIP)数据

茶馆连锁经营 / 张则岭主编. —北京:电子工业出版社,2022.12
ISBN 978-7-121-44816-4

Ⅰ.①茶… Ⅱ.①张… Ⅲ.①茶馆-连锁经营-高等学校-教材 Ⅳ.①F719.3

中国国家版本馆 CIP 数据核字(2023)第 001649 号

责任编辑:张云怡　　　　特约编辑:田学清
印　　刷:中煤(北京)印务有限公司
装　　订:中煤(北京)印务有限公司
出版发行:电子工业出版社
　　　　　北京市海淀区万寿路 173 信箱　　邮编:100036
开　　本:787×1092　1/16　　印张:10.75　　字数:248 千字
版　　次:2022 年 12 月第 1 版
印　　次:2023 年 6 月第 2 次印刷
定　　价:43.00 元

凡所购买电子工业出版社图书有缺损问题,请向购买书店调换。若书店售缺,请与本社发行部联系,联系及邮购电话:(010)88254888,88258888。
质量投诉请发邮件至 zlts@phei.com.cn,盗版侵权举报请发邮件至 dbqq@phei.com.cn。
本书咨询联系方式:(010)88254573,zyy@phei.com.cn。

前　言

茶馆是茶叶营销的重要载体，做好茶馆连锁经营是茶叶行业发展的重要内容。茶馆作为茶艺时尚文化和传统文化的融合体，如何借助现代先进科技和创新运营管理模式的力量，突出茶馆连锁经营管理的内涵、特征，已成为茶馆连锁经营行业的关键。营造休闲、舒适的茶馆环境，"围绕举旗帜、聚民心、兴文化、展形象建设社会主义文化强国，发展面向现代化、面向世界、面向未来，民族的、科学的、大众的社会主义文化，激发全民族文化创新创造活力，增加实现中华民族伟大复兴的精神力量"。

本书共分为六大模块，每个模块下设置1~4个任务。全书按照"任务分析—任务目标—任务知识点—任务实施—任务评价"的结构行文，结构清晰明了。本书主要是从连锁经营的角度来分析和论述茶馆的经营，对比已经出版的茶叶、茶馆经营实务教材，本书的主要特点如下：一是新颖性，在内容上引入了目前连锁经营的以喜茶为代表的新茶饮品牌和以共享茶室等为代表的新业态，介绍了目前新型连锁茶馆的经营特点、经营方式、品牌塑造方式等内容。二是注重传统与时尚的结合，作为茶文化的聚集地，茶馆经营需要提升品质及寻求新方法，需要不断创新和深入挖掘茶文化的内涵。三是采用活页式教材的形式，通过模块化任务式的实训提高教学实践水平，同时为茶叶经营者和管理者提供可以实战的模块化内容。四是逻辑性强，本书从茶馆的内部经营到茶馆的外部发展，从传统茶文化到时尚茶文化，形成茶馆连锁经营的核心内容，适用范围广，具有一定的影响力。五是本书使用频率高，实用性强。对于高职茶叶专业的学生来说，每年度均可使用本书作为活页式教材。同时，对于茶馆经营者来说，本书实践性较强，具有一定的经营参考价值。

本书由张则岭担任主编，何永权、陈星担任副主编，李爱雄、梁志海、汪少贤、沈斌担任参编。杭州赢动教育科技有限公司参与了本书的编写工作，同时，在本书的编写过程中参考了许多网络和书刊资料，在此向这些资料的作者表示衷心的感谢。由于本书编写时间仓促，作者水平有限，书中如存在错漏之处，恳请广大读者和同行不吝批评指正。

编　者
2022年5月

目 录

模块一　认识茶馆的历史和现状 1

任务一　认识茶馆的发展历史 1
　【任务分析】 1
　【任务目标】 1
　任务知识点 2
　　知识点1　茶馆的演化发展历史 2
　　知识点2　茶馆文化的发展历史 7
　任务实施 12
　任务巩固与案例分析 13

任务二　认识茶馆的发展现状 14
　【任务分析】 14
　【任务目标】 14
　任务知识点 15
　　知识点1　茶馆的经营业态现状 15
　　知识点2　茶馆的功能布局现状 16
　任务实施 22
　任务巩固与案例分析 23

模块二　认识连锁经营的基本原理 25

任务一　认识连锁零售业的演变史 25
　【任务分析】 25
　【任务目标】 25
　任务知识点 26
　　知识点1　连锁零售业的发展历史 26
　　知识点2　中西方连锁零售业的概述 31
　任务实施 38
　任务巩固与案例分析 38

任务二　认识连锁经营原理 40
　【任务分析】 40
　【任务目标】 40
　任务知识点 41
　　知识点1　连锁经营的发展基础 41
　　知识点2　连锁经营的理论体系 43
　任务实施 45
　任务巩固与案例分析 46

模块三　茶馆连锁建设及筹备 49

任务一　分析茶馆连锁投资建设 49
　【任务分析】 49
　【任务目标】 50
　任务知识点 50
　　知识点1　茶馆连锁经营财务投资 50
　　知识点2　茶馆连锁经营施工技术 53
　　知识点3　茶馆连锁经营人力资源规划 56
　　知识点4　茶馆连锁经营产品及设备投资 58
　任务实施 60
　任务巩固与案例分析 61

任务二　探寻茶馆连锁规划及设计 62
　【任务分析】 62
　【任务目标】 62
　任务知识点 62
　　知识点1　茶馆连锁经营规划基础 62
　　知识点2　茶馆连锁经营设计风格 65
　任务实施 68

任务巩固与案例分析.................68

任务三　识别茶馆连锁经营开设
　　　　准备..............................70
　　【任务分析】...........................70
　　【任务目标】...........................70
　　任务知识点.............................71
　　　知识点1　茶馆连锁经营产品准备..71
　　　知识点2　茶馆连锁经营人员准备..74
　　　知识点3　茶馆连锁经营财务准备..75
　　　知识点4　茶馆连锁经营开业准备..76
　　任务实施...............................78
　　任务巩固与案例分析.................79

模块四　开展茶馆连锁经营管理............81

任务一　开展茶馆连锁组织设计与人事
　　　　管理..............................81
　　【任务分析】...........................81
　　【任务目标】...........................82
　　任务知识点.............................82
　　　知识点1　茶馆连锁经营的组织
　　　　　　　结构........................82
　　　知识点2　茶馆连锁经营的人员
　　　　　　　配备........................85
　　　知识点3　例会管理....................87
　　　知识点4　业务培训管理................89
　　任务实施...............................91
　　任务巩固与案例分析.................91

任务二　开展茶馆连锁经营财务
　　　　管理..............................92
　　【任务分析】...........................92
　　【任务目标】...........................93
　　任务知识点.............................93
　　　知识点1　茶馆连锁经营现金管理..93
　　　知识点2　茶馆连锁经营会计核算
　　　　　　　管理........................94

　　　知识点3　茶馆连锁经营债权及债务
　　　　　　　管理........................96
　　任务实施...............................97
　　任务巩固与案例分析.................98

任务三　开展茶馆连锁经营设施设备
　　　　管理..............................99
　　【任务分析】...........................99
　　【任务目标】...........................99
　　任务知识点.............................99
　　　知识点1　茶馆连锁经营茶叶产品
　　　　　　　管理........................99
　　　知识点2　茶馆连锁经营软件系统
　　　　　　　管理.......................101
　　　知识点3　茶馆连锁经营设备
　　　　　　　管理.......................103
　　任务实施..............................105
　　任务巩固与案例分析................106

任务四　开展茶馆连锁经营业务绩效
　　　　管理.............................107
　　【任务分析】..........................107
　　【任务目标】..........................107
　　任务知识点............................107
　　　知识点1　茶馆连锁经营客户态度
　　　　　　　绩效管理..................107
　　　知识点2　茶馆连锁经营现场服务
　　　　　　　绩效管理..................108
　　　知识点3　茶馆连锁经营收银服务
　　　　　　　绩效管理..................109
　　　知识点4　茶馆连锁经营服务创新
　　　　　　　绩效管理..................110
　　任务实施..............................111
　　任务巩固与案例分析................112

模块五　制定茶馆连锁发展策略...........114

任务一　分析茶馆连锁经营的总体发展
　　　　战略.............................114

【任务分析】 114
　　　【任务目标】 114
　　　任务知识点 115
　　　　知识点 1　茶馆连锁经营一体化发展
　　　　　　　　战略 115
　　　　知识点 2　茶馆连锁经营密集型发展
　　　　　　　　战略 116
　　　　知识点 3　茶馆连锁经营多元化发展
　　　　　　　　战略 117
　　　任务实施 119
　　　任务巩固与案例分析 120

　任务二　制定茶馆连锁经营营销
　　　　　策略 121
　　　【任务分析】 121
　　　【任务目标】 122
　　　任务知识点 122
　　　　知识点 1　茶馆连锁经营产品
　　　　　　　　策略 122
　　　　知识点 2　茶馆连锁经营价格
　　　　　　　　策略 126
　　　　知识点 3　茶馆连锁经营渠道
　　　　　　　　策略 128
　　　　知识点 4　茶馆连锁经营促销
　　　　　　　　策略 130
　　　任务实施 131
　　　任务巩固与案例分析 132

　任务三　制定茶馆连锁经营竞争
　　　　　策略 134
　　　【任务分析】 134
　　　【任务目标】 134
　　　任务知识点 134
　　　　知识点 1　茶馆成本领先竞争
　　　　　　　　策略 134

　　　　知识点 2　茶馆差异化竞争策略 136
　　　　知识点 3　茶馆聚焦化竞争策略 136
　　　任务实施 137
　　　任务巩固与案例分析 138

模块六　茶馆连锁经营文化品牌建设 ... 141

　任务一　认识茶馆连锁经营文化品牌
　　　　　内涵 141
　　　【任务分析】 141
　　　【任务目标】 141
　　　任务知识点 141
　　　　知识点 1　全国茶馆连锁经营文化
　　　　　　　　品牌 141
　　　　知识点 2　茶馆连锁经营地方文化
　　　　　　　　品牌 149
　　　任务实施 152
　　　任务巩固与案例分析 153

　任务二　塑造茶馆连锁经营品牌 154
　　　【任务分析】 154
　　　【任务目标】 154
　　　任务知识点 154
　　　　知识点 1　茶馆连锁经营新媒体运营
　　　　　　　　品牌塑造 154
　　　　知识点 2　茶馆连锁经营行业品牌
　　　　　　　　塑造 158
　　　　知识点 3　茶馆连锁经营供应链管理
　　　　　　　　品牌塑造 159
　　　任务实施 160
　　　任务巩固与案例分析 161

附录　任务评价表 163

参考文献 164

模块一　认识茶馆的历史和现状

```
                                    ┌─ 任务一 认识茶馆的发展历史 ─┬─ 知识点1 茶馆的演化发展历史
模块一 认识茶馆的历史和现状 ─┤                             └─ 知识点2 茶馆文化的发展历史
                                    └─ 任务二 认识茶馆的发展现状 ─┬─ 知识点1 茶馆的经营业态现状
                                                                 └─ 知识点2 茶馆的功能布局现状
```

　　茶馆是随着饮茶行为的普及而逐渐兴盛起来的公共饮茶场所。茶馆在我国有着悠久的发展历史。本模块包含两个任务：一是认识茶馆的发展历史；二是认识茶馆的发展现状。

任务一　认识茶馆的发展历史

【任务分析】

　　作为茶馆的经营者和服务人员，要经营好茶馆，做好管理和服务工作，除了要掌握茶叶文化知识，还要掌握与茶馆相关的知识，尤其是要掌握茶馆的发展历史等知识。正所谓，以史为鉴，古为今用，了解茶馆的发展历史可以开阔视野，增长知识，有利于从茶馆发展的历史中总结经验和规律，提高茶馆的经营管理能力和服务水平。

【任务目标】

知识目标	1. 了解茶馆的演化发展历史 2. 了解茶馆演化发展的6个阶段 3. 了解茶馆文化的发展历史 4. 了解古代、近代、现代茶馆文化的特点
技能目标	1. 能够概述茶馆演化发展的6个阶段 2. 能够概述古代、近代、现代茶馆文化的特点 3. 能够简单地向其他茶客宣传和介绍茶馆的历史文化知识
思政目标	1. 增强文化自信，能够自觉宣传中国茶馆历史文化知识 2. 传承和发展茶文化，培养茶馆经营的专业技能和职业道德

> 任务知识点

知识点1 茶馆的演化发展历史

关于茶馆的起源，最早可追溯至晋代，至今已有1700多年的历史。在这1700多年的发展历史中，由茶摊发展到茶铺、茶肆、茶坊、茶楼、茶屋、茶邸、茶舍、茶轩、茶苑、茶室、茶座、茶府、茶艺馆等，其演化发展大致经历了如下六个发展阶段。

1. 萌芽期

茶馆最早的雏形是茶摊，中国最早的茶摊出现在晋代。据《广陵耆老传》中记载："晋元帝时有老姥，每旦独提一器茗，往市鬻之，市人竞买。自旦至夕，其器不减，所得钱散路傍孤贫乞人，人或异之。州法曹絷之狱中。至夜，老姥执所鬻茗器，从狱牖中飞出。"这是一个神话小说故事，但从这个神话小说故事中我们可以看出，在晋代，已经有人将茶水作为商品拿到集市上进行售卖了。不过这种售卖方式属于流动摊贩，不能称为茶馆。因为此时茶粥或茶水的售卖方式还没有固定，也没有成形的营业场所，仅仅属于简易的流动式茶馆，是茶馆的雏形和发展的萌芽。

2. 形成期

唐代是茶馆的正式形成时期。在唐代，茶叶的种植已经十分普及，饮茶已经成为风尚。加上唐代城市的商业经济繁荣，饮茶的商业化成为必然。据唐代封演的《封氏闻见记》记载："开元中（713～741年），泰山灵岩寺有降魔师大兴禅教，学禅务于不寐，又不夕食，皆许其饮茶。人自怀挟，到处煮饮。从此转相仿效，遂成风俗，自邹、齐、沧、棣，渐至京邑，城市多开店铺，煎茶卖之，不问道俗，投钱取饮"。可见，当时在我国河南、山东、河北、陕西等地已经有煎茶售卖的店铺了。这种煎茶售卖的店铺已不是早期那种流动式的茶摊了，有了成形的营业场所，这种茶铺其实就是早期的茶馆。另外，从以上史料里可以看出，在唐代中期，茶馆已经形成且初具规模。

唐代的茶馆有多种形式，如茶肆、茶坊、茶邸、茶寮、土店、茶亭等。

（1）茶肆。《旧唐书·王涯传》里记载榷茶使王涯出逃时，"至永昌里茶肆，为禁兵所擒"。这里提到了茶肆，"肆"即店铺，茶肆即茶铺。茶肆与当时的酒肆有点类似，除了供应茶水，还供应一些简单的饭菜。

（2）茶坊。牛僧孺《玄怪录》记载："长庆初，长安开远门十里处有茶坊，内有大小房间，供商旅饮茶。"这里记述的是具有为商旅提供饮茶和休息功能的茶坊。

（3）茶邸。唐代封演的《封氏闻见记》里提到了茗铺、茶邸，这种茶邸规模要比茶肆和茶坊大一些，除了供应茶水，还可以住宿。

（4）茶寮。在唐代，禅宗盛行，寺院专门设有茶堂，这种茶堂后来被称为茶寮。

（5）土店。在唐代，除了城市里有茶馆，乡村也有少量的茶馆供旅客休息、饮茶。在唐代，乡村的茶馆叫土店。土店是乡村老百姓在交通要道开设的供应茶水或饭食的小店。日本僧人圆仁写的《入唐求法巡礼行记》中记载，唐武宗会昌五年（845年），圆仁"行十五里，回头望西，见辛长史走马赶来，三对行官遏道走来，遂于土店里任吃茶"。

（6）茶亭。在唐代，茶亭多建于路侧、寺庙旁，方便行人、香客休息。建在湖州妙喜寺旁的"三癸亭"是陆羽亲自设计、施工建造的，因该茶亭是在癸丑年癸卯月癸亥日落成的，故命名为"三癸亭"。"三癸亭"建成于唐代宗大历八年（773年）夏历冬十月二十一日，又因有颜真卿墨宝题匾额，有诗僧皎然赋诗，由陆羽设计，故又称"三绝"。

总体来看，在唐代，茶馆刚刚形成，功能较为单一，主要是供人们休息、解渴的，且未完全从住宿餐饮中脱离出来。

3. 初兴期

宋代是茶馆的初兴期。随着饮茶之风的日趋兴盛和商品经济的进一步发展，宋代茶馆业呈现出初步兴盛之势。宋代茶馆的初步兴盛有如下三大特点。

（1）茶馆开始独立经营，广泛分布，并在人们日常生活中普及。宋代时的城市商品经济比唐代时更加发达，此时茶馆开始从住宿餐饮行业脱离出来独立经营，广泛分布。据《东京梦华录》记载，在北宋时的汴京（现在的开封），凡是在闹市和居民聚集之地，茶坊鳞次栉比，如马行街"至门约十余里，其余坊巷院落纵横万数，莫知纪极。处处拥门，各有茶坊、酒店，勾肆饮食"，朱雀门外"以南东西两教坊，余皆居民或茶坊，街心市井，至夜尤盛"。另外，从北宋画家张择端的作品——《清明上河图》（见图1-1）上可以看出，商业繁华的都市街区茶坊、茶摊参差分布，宋代茶馆的兴盛可见一斑。此时茶馆的广泛分布满足了不同阶层人士在各个阶段、各个地点的饮茶需求，饮茶已融入人们的日常生活中。

图1-1　北宋画家张择端的作品——《清明上河图》（局部）

（2）茶馆类型繁多，功能多样。在宋代，茶馆类型繁多，有提供茶水的清茶坊、人情茶坊、水茶坊、艺茶坊等，也有兼营饭菜的分茶酒店，还有行业茶坊，以及一些流动的茶摊、茶担，提壶卖茶等。

① 清茶坊。清茶坊是专营的茶馆，只提供简单的茶饮服务，大多由中下层市民个体经营，规模不大。

② 人情茶坊。也叫人情茶肆，除了提供茶饮服务，还可以供市民学习、交流各种技艺和曲艺。《梦粱录》中说人情茶坊"本非以点茶汤为业，但将此为由，多觅茶金耳"。由此可见，人情茶坊并非以卖茶为业，而是市民交流感情和传递消息的场所，是为市民提供场所并以茶为名得一些茶钱，类似现在的俱乐部。

③ 艺茶坊。《梦粱录》记载："大凡茶楼，多有富室子弟、诸司下直等人会聚，习学乐器上教曲赚之类，谓之挂牌儿。"由此可见，艺茶坊是供茶客们交流、学习音乐的地方。

④ 分茶酒店。分茶酒店是类似于现代的茶餐厅的快餐店。在宋代，分茶是一种流行的饮茶游戏，当时的大城市有许多分茶店，后来逐渐演变成了分茶酒店。分茶酒店里人员复杂，有社会上各阶层的人。

⑤ 行业茶坊。行业茶坊又称为市头。《梦粱录》记载："又有茶肆，专是五奴打聚处，亦有诸行借工卖伎人会聚，行老谓之市头。"由此可见，行业茶坊并非以卖茶为主业，里面聚集的人员复杂，各行各业的人员都有，有点类似于雇工介绍所。

从以上宋代多种类型的茶馆可以看出，此时的茶馆已具有多种功能，如休息解渴、休闲娱乐、信息传递、商务交易、文化教育等，已经与近现代茶馆的功能类似。

（3）茶馆的经营管理日益成熟完善。宋代的茶馆在经营管理方面的成熟完善体现在以下4个方面：一是经营方式多样，其经营者能够根据不同阶层消费者的不同需求来经营，同时大多以各种旗帜、幌子等来标明茶馆的名号，以张灯结彩、燃放烟花的形式来吸引茶客。茶馆为了吸引茶客，在茶馆里提供各种文化娱乐活动，如弦歌、说书、分茶技艺表演、棋牌活动等。二是茶馆经营品种众多，主营茶饮，兼营其他。宋代茶馆经营的茶水品种繁多且因时而异。据《梦粱录》记载，南宋临安的大茶坊四时卖奇茶异汤，冬天供应七宝擂茶、撒子或盐豉汤，夏天则提供雪泡梅茶酒等解暑饮料。兼营的项目有服装、字画、奇石、灯笼、布匹、旅馆、澡堂等。三是实行雇工制，在一些高档茶馆中分工明确，茶工有茶博士和茶仆之分，茶博士熟悉烹茶技艺，负责茶馆的经营管理，茶仆主要负责来客后吆喝、拿着茶盏唱喏奉茶等杂活。四是在设计装饰方面很有特色。当时的茶馆很注重店面装饰，通过茶馆的建筑设计、字画装饰、花草装点等来营造艺术氛围，提升茶馆的品位。据《梦粱录》记载，当时的茶馆以插四时花、挂名人画来装点门面。

4. 兴盛期

元明清时期是茶馆发展的兴盛期。此时的茶馆无论是在数量上、规模上还是在经营方式、内容功能上都比唐宋时期有了很大的发展。

元代茶馆行业延续宋代茶馆行业继续发展。由于蒙古族秉性质朴、性情豪放，在饮茶上不爱繁文缛节，喜欢直接冲泡茶叶，因此，在元代，散茶大为流行。而散茶的流行简化了饮茶的程序，在某种程度上更加有利于饮茶的普及，促进了茶馆的大规模发展。

明代茶馆比以前各个朝代有了比较明显的变化，其中最重要的是茶馆有了档次区分，既有面对平民百姓的普通茶馆，也有满足文人雅士需要的高档茶馆，其中高档茶馆比宋代的茶馆更精致、雅洁，在茶馆内饮茶对水、茶、器都有严格的要求，比如，茶馆中的泡茶之水要清澄洁净，要用泉水等有源头的活水。一些高档茶馆使用的茶具十分名贵，如宣窑瓷壶、宜兴紫砂壶等。"茶馆"一词是在明代开始出现的。据明末张岱《陶庵梦忆》记载："崇祯癸酉，有好事者开茶馆。泉实玉带，茶实兰雪。汤以旋煮，无老汤；器以时涤，无秽器。其火候、汤候亦时有天合之者。余喜之，名其馆曰'露兄'。"

在清代，茶馆真正进入鼎盛时期。清代茶馆的兴盛主要体现在以下3个方面。

（1）茶馆数量多，遍布全国。在清代，各地的茶馆随处可见。据统计，当时的京师（现北京）有30多家知名茶馆，松江府（现上海）的茶馆有60多家。江宁（现南京）的茶馆也非常多，《儒林外史》中记载："大街小巷，合共起来，大小酒楼有六七百座，茶社有一千余处"。江浙一带茶馆业尤其兴盛，当时江苏太仓的璜泾镇有数千家居民，而茶馆就有上百家。在清代，嘉兴新塍镇有80家茶馆，王店镇有65家茶馆，新篁镇有40家茶馆。清代的茶馆数量之多是历代所罕见的。

（2）茶馆种类多，各具特色。在清代，茶馆种类繁多，有清茶馆、书茶馆、野茶馆、茶餐馆、棋茶馆、茶园、茶棚等。①清茶馆。清茶馆以卖茶为主，一般的布置是方桌、木椅，陈设雅洁、简朴，消费者为普通大众。②书茶馆。除了卖茶，书茶馆里还有艺人说书唱曲，茶馆里布置讲究，有藤桌藤椅，墙上挂有字画，茶客来此一边喝茶一边听书。③野茶馆。野茶馆一般比较简陋，多开设在郊外路边风景宜人处，来此喝茶还能体味自然野趣。④茶餐馆。茶餐馆除了卖茶，还提供一些酒水、饭菜。清代时，茶餐馆被称作"二荤铺"（见图1-2）。⑤棋茶馆。顾名思义，棋茶馆主要是供茶客在此喝茶、下棋的，茶馆内比较朴素、简洁。⑥茶园。茶园是茶馆和戏馆的结合体，茶客在此可以一边喝茶一边看戏。⑦茶棚。茶棚一般是用席子搭起来的卖茶场所，简单且具有流动性，一般设置在公园、凉亭、寺庙或交通要道，具有季节性。

图1-2 清代的茶馆"二荤铺"

（3）茶馆经营内容更加丰富。为了满足茶客的需求，在清代，茶馆开始出现了一些佐茶的点心，如满汉点心、黄白蜂糕等。为了吸引茶客，茶馆里经常开展说书、唱戏、杂耍等节目。在清代，茶馆经营内容的丰富使得茶馆的功能得到了更好的拓展。

5. 衰微期

在近代，茶馆进入衰微期。此时的茶馆由盛转衰、日益萎缩。

在晚清时期，人们关心国家的前途和自己的命运，而茶馆历来是信息的集中地、传播地，因此，在清末民初，中国的茶馆虽然开始衰落但是规模仍然不小。据不完全统计，在宣统元年（1909年）上海有64家茶楼，到民国八年（1919年）发展到164家，而且有一些外国人在上海开茶馆，如日本人开了许多日本洋社，俗称东洋茶馆。在民国时期，南京的茶馆数量众多，据记载，南京的秦淮河畔有300余家茶馆。1932年，杭州的茶馆达到了585家，从业人员达到了1272位。

在抗日战争时期，由于战乱，大片的国土丧失，人民流离失所，生活艰难，茶馆经营困难，如1937年，杭州的茶馆锐减到了247家；武汉的茶馆数量从1400家减少到250家左右。成都、重庆等地虽然受战争的影响较小，但是在这一时期经营惨淡。

总体而言，在这一时期，茶馆的数量比鼎盛时期少，在经营品种上，受西方文化的影响较大，茶馆里开始引入西方的咖啡、汽水、啤酒等饮料，在室内装饰上，茶馆里开始悬挂西洋油画，并开始播放爵士音乐等。

6. 复兴期

中华人民共和国成立后，茶馆业开始进入了曲折的复兴期。此时，茶馆经过整顿改造后得以恢复和发展，并迎来了一个短暂的复兴阶段。1956年以后，随着社会主义改造的开

模块一　认识茶馆的历史和现状

展及公私合营浪潮的掀起,茶馆日益衰落。直到20世纪80年代,茶馆才开始复兴。当时允许私营经济发展,茶馆的数量快速增长。1988年,北京老舍茶馆(见图1-3)的正式开业标志着中国现代茶馆开始全面复兴。20世纪90年代,随着社会经济的发展,老茶馆、茶楼及一些新型茶园、茶艺馆开始涌现。茶艺馆最早诞生于我国台湾,茶艺馆是1977年由管寿龄女士开设的,她开设的这个茶艺馆可供饮茶和欣赏艺术品,被称为茶艺馆的起源。大陆第一家茶艺馆是1985年在杭州开办的"茶人之家"。大陆第一家以茶艺馆命名的茶馆是1989年由福建省博物馆等4个单位创办的福建茶艺馆。目前,茶艺馆已经成为茶馆业的主流业态之一。

图1-3　北京老舍茶馆

知识点2　茶馆文化的发展历史

茶文化是伴随着茶叶的产生而产生的,而茶馆文化则是伴随着茶馆的产生而产生的。茶馆文化是指以茶馆为中心向外延伸,围绕茶馆所进行的茶事活动和与之相关的文化娱乐活动,包括在这些文化娱乐活动基础上形成的一系列民俗文化的内容。茶馆文化是茶文化的重要组成部分。

纵观茶馆的 1700 多年的演化发展历史，茶馆文化在不断发生变化。若从茶馆的演化发展历史来看，茶馆文化大致可以分为古代茶馆文化、近代茶馆文化、现代茶馆文化。

1. 古代茶馆文化

晋代出现的茶摊是茶馆的雏形，此时由于茶馆还处于发展的萌芽阶段，因此暂未形成茶馆文化。

唐代中期，茶馆正式出现，此时茶馆文化开始形成。唐代是中国茶馆文化的形成期，也是中国茶馆文化史上具有划时代意义的时期。此时茶馆的特点是功能比较单一，主要供人们休息、解渴，且未完全从住宿餐饮中脱离出来。从饮茶的人员来看，主要是僧人、道士、文人，还未真正向社会下层普及。公元 780 年，陆羽的《茶经》（见图 1-4）的问世标志着中国茶文化的形成，也标志着中国茶馆文化的形成。《茶经》是关于茶叶生产的历史、源流、现状、生产技术及饮茶技艺、茶艺原理的综合性典籍。《茶经》创造了中国茶道精神，奠定了中国茶文化的基础，也为茶馆文化的形成奠定了基础。唐代形成的茶道分为宫廷茶道、寺院茶礼、文人茶道，展现的茶馆文化融入了儒、释、道的宗教文化色彩，体现的是清净、自然、优雅的特点。

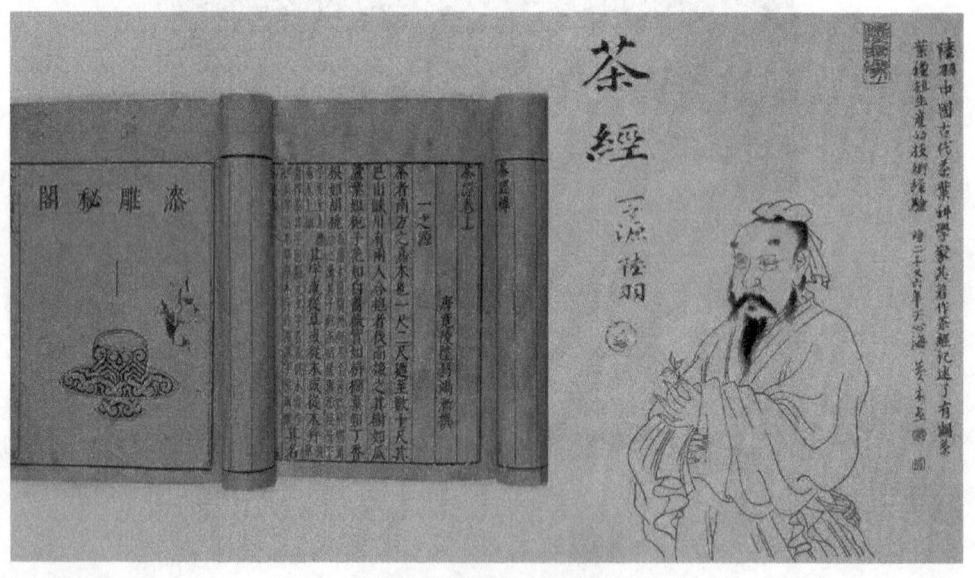

图 1-4　陆羽的《茶经》

宋代的茶馆文化最大的特点是将饮茶与艺术结合起来。在宋代，民间流行斗茶，斗茶即茶艺比赛，又称茗战，其是通过烹制茶叶、品茗来鉴别烹制技艺和茶叶的质量。宋代刘松年的《茗园赌市图》如图 1-5 所示。文士品茗在宋代是十分普遍的现象，苏东坡的诗中有云："从来佳茗似佳人"，人们品茶追求精神享受，注重自然环境的选择和审美情趣的营造，注重茶叶的色、香、味、形，注重茶宴、茶礼、茶会等多种形式的饮茶方式。从饮茶到品茶是中国茶馆文化发展成熟的标志。

模块一　认识茶馆的历史和现状

图 1-5　宋代刘松年的《茗园赌市图》

在元代，散茶大为流行，茶馆文化走向简约化。另外，两宋时期的斗茶之风在元代消失，在茶馆里，人们饮茶的形式从精细转向粗放，人们更加追求茶叶的色、香、味、形，形成了具有蒙古族特色的泡茶方式。

明代市井文化的发展使茶馆文化更加大众化。最突出的表现是，在明朝末年，面向普通大众的茶摊上出售的大碗茶开始出现在北京的街头。这种茶摊只有一张桌子、几条凳子、几口粗瓷碗，十分简单，以贴近大众生活的优势而经久不衰。

在清代，茶馆已集政治、经济、文化等功能于一体。社会上的各种新闻，包括朝廷要事、宫内传闻、名人轶事等都在此传播，犹如一个信息交流站。茶馆已成为人们日常生活中不可缺少的活动场所，成为人们的交际娱乐中心，并形成雅俗并存的综合性的茶馆文化。

2. 近代茶馆文化

近代中国的文化特征是先进与落后同在，中国的茶馆文化自然要受社会大环境的影响。

老舍的《茶馆》对近代茶馆文化有两段经典描写："这里卖茶，也卖简单的点心与菜饭。玩鸟的人们，每天在蹓够了画眉、黄鸟等之后，要到这里歇歇腿，喝喝茶，并使鸟儿表演歌唱。商议事情的，说媒拉纤的，也到这里来。那年月，时常有打群架的，但是总会有朋友出头给双方调解；三五十口子打手，经调人东说西说，便都喝碗茶，吃碗烂肉面（大茶馆特殊的食品，价钱便宜，作起来快当），就可以化干戈为玉帛了。总之，这是当日非常重要的地方，有事无事都可以来坐半天。""在这里，可以听到最荒唐的新闻，如某处的大蜘蛛怎么成了精，受到雷击。奇怪的意见也在这里可以听到，像把海边上都修上大墙，就足以挡住洋兵上岸。这里还可以听到某京戏演员新近创造了什么腔儿，和煎熬鸦片烟的最好方法。这里也可以看到某人新得到的奇珍——一个出土的玉扇坠儿，或三彩的鼻烟壶。这真是个重要的地方，简直可以算作文化交流的所在。"

中国近代茶馆文化与古代茶馆文化相比有了很大的变化。在茶馆刚刚兴起的时候，其主要的目的是为了解决饮食与休息问题，后来有了娱乐和信息交流的功能，但喝茶还是重要内容。尤其是文人进茶馆讲究茶、水、器，使茶馆开始向高雅、精致的方向发展，其与市民的"俗饮"成为茶馆文化的两大特色，二者互不干涉，平衡发展。到了近代，正如上文老舍《茶馆》中的相关描述，此时茶水在茶馆中只起了一种媒介作用，地位有所下降，茶馆似乎只是一个场所，饮茶变得可有可无了，近代茶馆的发展开始受西方思想文化影响。

新文化运动之后，整个社会发生了翻天覆地的变化，随着"科学""民主"之风的盛行，大量的西方思想进入中国，人们的娱乐、休闲观念发生了很大的变化，如舞厅、影院等吸引了更多年轻人。去茶馆喝茶的人越来越少，中国的茶馆进入萧条时期。

3. 现代茶馆文化

中华人民共和国成立后，我国茶馆进入了曲折的复兴期。茶艺馆的出现标志着现代茶馆的形成，目前，茶艺馆已经成为茶馆业的主流业态之一。茶艺馆既充分展示了我国传统文化，又具有新时代的内涵，呈现出新时代的特征。现代茶馆文化的主要特征如下。

（1）茶馆环境优雅，风格多样，具有多元化特征。现在大多数的茶馆为了迎合茶客返璞归真的追求，把茶艺馆装修得自然、古朴、高雅，散发出浓郁的传统气息。背景音乐采用的古筝、琵琶等乐曲把人带到怀旧的情境中。茶馆内部摆设藤椅、木桌，地板采用原色木板。茶楼里的服务人员穿着民族服饰，举手投足间散发出东方文化的气韵，加上营业厅的墙壁、柱子上装裱的中国画和书法作品，让人在品茶之余享受着传统文化的熏陶。当然，有的茶馆为了适应年轻人的时尚需要，背景音乐会播放都市味十足的流行歌曲，包厢内不但有投影设备，而且还配置了电脑，可以上网。就装饰风格而言，现代茶馆有传统复古式、自然乡村式、异域风情式、现代式、综合式等，风格多样，这些都展现了现代茶馆文化的多元化。

（2）以传承和发展茶文化为中心。茶文化是在茶科学的基础上，由茶衍生出的各种文化和社会现象，主要包括茶艺、茶道及与其相关的众多的文化和社会现象。当代茶馆普遍注重传承和发展茶文化，弘扬茶道，普及茶礼，展示茶艺。有的茶馆，特别是茶艺馆针对不同的人群开展茶文化知识讲座，介绍茶的历史、茶的识别、茶具养护、茶与健康等知识；有的茶馆进行茶艺展示，为客人讲解、演示茶的冲泡技艺、品饮技艺和茶礼知识；有的茶馆在茶艺展示的基础上，通过艺术化的加工将其上升为观赏性的茶艺表演，比如北京老舍茶馆每天进行乌龙茶、文士茶、农家茶、茉莉花茶、八宝茶等茶艺表演，上海湖心亭茶楼建立了江南丝竹伴奏的专业茶艺表演队，以重点演示乌龙茶和龙井茶的冲泡技艺。

（3）注重社会责任和社会效益。现代茶馆不仅以盈利为目的，而且努力建设成为有益于社会的高雅场所，成为倡导国饮、弘扬我国茶文化的场所。我国是社会主义国家，现代茶馆自然具有中国特色。我国现代茶馆的中国特色之一在于其不仅以盈利为目的，而且还主动承担社会责任，注重社会效益，比如，北京的老舍茶馆在门联上醒目地写着"振兴古国茶文化，扶植民族艺术花"，彰显出茶馆的社会责任感和民族意识。

（4）注重经营模式创新，连锁经营模式不断发展壮大。除了一些社区、乡镇的茶馆较多地保留了传统的经营模式，大多数茶馆都能根据时代的需求、消费者的需求进行经营模式创新，开拓新的服务功能。当代茶馆的茶饮以绿茶为主，乌龙茶、红茶、花茶等也不少，有的茶馆里还有奶茶，茶馆兼营餐饮的现象比较普遍，茶馆特色茶点、菜食搭配供应，品类丰富；茶馆的经营项目繁多，有与主题收藏、工艺品展销相结合的，有与戏曲、歌舞等表演类节目联合的，有与休闲娱乐项目挂钩的，还有将茶艺、壶艺、厨艺融为一体的。此外，茶馆的连锁经营模式日益兴起，比如杭州太极茶道苑（见图1-6）、上海避风塘茶楼（见图1-7）等都是采用连锁经营模式而发展壮大的。

① 杭州太极茶道苑。

图1-6　杭州太极茶道苑

杭州太极茶道苑坐落于浙江杭州的繁华老街清河坊，是中国茶馆知名品牌之一。杭州太极茶道苑的经营历史始于1765年，迄今仍然保持着晚清时期的风格：房檐挂着茶幌子，门口立着"老茶倌"铜像，店堂内的板凳、板桌、烟熏老墙、评弹小调回荡其间，茶博士戴着瓜皮小帽、穿着蓝布长衫，提着壶续水，挥洒自如。

杭州太极茶道苑的"真金八宝茶""水丹青""阴韵乌龙"为独家秘传，远近闻名。泡茶必须用天然雨水（即"天泉"或"无根水"），技法讲究细水长流、凤凰三点头、雪花盖顶。"太极茶道行茶技法"是太极茶道的一大绝技。茶博士用长嘴壶自二楼向楼下酙茶，从身体各处演绎"罗汉茶礼""道家行茶"等技艺，每到精妙绝伦处，茶客无不击节叫好。

② 上海避风塘茶楼。

图 1-7　上海避风塘茶楼

1998年6月4日，上海避风塘茶楼有限公司在上海江宁路99号以"避风塘"为字号，开了第一家上海避风塘茶楼（江宁店），专营饮品、点心和简餐。由于其独特的经营模式"畅饮无限量、欢乐无限时"和独特的休闲娱乐氛围，24小时营业，只需18元畅享百余种饮食饮品，真正做到了让顾客"欢乐、欢畅"，因此避风塘茶楼广受欢迎，生意异常火爆，成为年轻人娱乐场所的首选。上海避风塘茶楼开设之后在上海、北京、西安、重庆、南京、无锡等地开设了100多家连锁加盟店，将美味和人气扩散到了全国多个城市。如今，上海避风塘茶楼经过不断地调整，已逐渐成为一个集商务洽谈、资讯交换的最佳场所，经营内容不仅有"自助欢畅"，而且是品尝中西美食、棋牌娱乐、赛事观战、无线宽带上网的休闲场所。

任务实施

步骤一：组建学习任务小组

教师根据学生的学号随机划分学习任务小组，每5~6人为一个学习任务小组，由任务小组成员自行选举小组长。

步骤二：任务分工

由小组长组织小组成员对如何完成本模块的学习任务"认识茶馆的发展历史"进行充

分讨论，制订完成该学习任务的初步计划，同时小组成员之间做好任务分工。比如，可以将该学习任务划分为以下两个子任务。

（1）茶馆的演化发展历史。主要介绍不同时期茶馆的形态、数量、特点等。

（2）茶馆文化的发展历史。主要介绍不同时期茶馆文化的特点。

步骤三：为讲演介绍做准备

小组成员做好分工后开始搜集资料，可以从网上搜寻或去图书馆翻书查阅，或实地探访茶馆，对茶馆经营者进行访谈，把搜集的资料整理成文档，做成PPT或书面报告，由小组成员依次上台讲演介绍。

步骤四：评价

小组成员完成讲演任务后，可以先进行自我评价和自我分析，然后由台下的其他小组成员进行打分和评价，最后由教师进行简要点评并总结。评价内容、评价标准及各项目的分值见本书附录中的任务评价表。

任务巩固与案例分析

一、任务巩固

（1）假设你是一名茶馆的服务人员，有一天茶馆里来了一名外国友人Tom和他的中国翻译小A，在两人聊天时，外国友人问及中国茶馆的演化发展历史，该翻译不太清楚，向你求助，需要你简要地向他介绍中国茶馆的演化发展历史，你该如何介绍？

（2）鉴于中国茶馆的演化发展历史悠久，该外国友人提出了一个关于"茶馆文化"的问题，他想知道中国的古今茶馆文化有什么变化？请你向他简要地介绍一下。

二、案例分析

老舍茶馆的前世今生

30多年前，与老舍茶馆同时起步的很多企业早已在岁月的磨砺中消亡，而老舍茶馆的魅力却愈加沉淀，历久弥新。老舍茶馆可能是中国人心目中最年轻的"老字号"。

老舍茶馆的前身可以一直追溯到1979年的前门大碗茶青年茶社。那时，现任老舍茶馆掌门人尹智君的父亲尹盛喜先生创办了前门大碗茶青年茶社，他的初衷是闯出一条安置返城待业知青的新路。他的创举被称为新时代的改革先锋。其后在1988年，尹盛喜先生创办了老舍茶馆。

在尹盛喜先生艰苦创业和老舍茶馆的发展历程中，老舍茶馆确立了"大碗茶广交九州宾客，'老二分'奉献一片丹心"的理念和"振兴古国茶文化，扶植民族艺术花"的经营宗旨。2003年，尹盛喜先生逝世，接续、发展企业的重任落在了其二女儿尹智君的肩上。

10年过去了，老舍茶馆经过第一代掌门人的筚路蓝缕、以启山林和第二代掌门人的大胆变革，推陈出新，现在已经发展成为集茶艺服务、特色美食、民族演艺、老尹茶礼多业态综合运营能力于一体的中国百佳茶馆,已从一家面积为 700 多平方米的小茶馆发展成为一家面积为 5000 多平方米的旗舰店和拥有 8 家全国连锁店的全国连锁企业。

迄今为止,老舍茶馆已经累计接待了来自世界 80 多个国家的 160 多位世界各国元首政要、众多社会名流和 500 多万位中外宾客,成为展示民族艺术精品的窗口和联结中外友谊的"桥梁",有着"北京城市名片"和"京味人文地标"的美誉。

同时,老舍茶馆积极参与北京奥运会、上海世博会等重大活动,并出访 20 多个国家进行地区交流、参展,向全世界展现出中国文化、北京文化和企业文化的魅力和活力,被评为国家文化产业示范基地、国家级 3A 景区(点)和北京市著名商标。

30 多年来,老舍茶馆穿越了时光的隧道,无论是在曙光破晓的黎明,还是在华灯初上的夜晚,远望老舍茶馆,总感到一种无声的大气与雍容。

(改编自《经理人杂志》)

阅读完上面老舍茶馆的发展历史,谈一谈老舍茶馆的发展历史与中国茶馆的演化发展历史的关系。

任务二　认识茶馆的发展现状

【任务分析】

要经营好茶馆,除了要认识茶馆的演化发展历史,还要认识茶馆的发展现状。只有认识了茶馆的发展现状,在创办茶馆时才能够进行准确的市场定位,在经营茶馆时才能够根据茶馆行业的发展现状进行经营战略和策略的调整。总之,认识茶馆的发展现状是创办和经营茶馆的基础。茶馆的发展现状主要包括茶馆的经营业态现状和茶馆的功能布局现状两个方面,从这两个方面来分析,可以让我们对茶馆的发展现状有一个基本的认识。

【任务目标】

知识目标	1. 认识当前茶馆的经营模式 2. 认识当前茶馆行业的数量和规模 3. 认识当前茶馆的发展趋势 4. 认识当前茶馆的主要类型 5. 认识当前茶馆的功能布局
技能目标	1. 能够阐述当前茶馆的经营业态情况 2. 能够根据当前茶馆存在的问题,写出应对之策 3. 能够阐述当前茶馆的主要功能和类型
思政目标	1. 践行以改革创新为核心的时代精神,探索当代茶馆经营的新模式 2. 践行以爱国主义为核心的民族精神,为促进民族茶馆业发展出谋划策

任务知识点

知识点 1　茶馆的经营业态现状

当前茶馆的发展现状从宏观上来看，主要有以下 4 个方面的特点。

一是经济全球化加速，中国茶馆业面临着巨大的外来竞争压力，比如星巴克等外来品牌店冲击中国茶馆业，茶馆的生存压力陡增。

二是工业化和城市化继续推进，一方面，带来经济的飞速发展，人们的休闲支出呈几何速度增长，作为休闲产业成员之一的茶馆产业机会一片大好；另一方面，工业化和城市化导致人们的生活节奏加快，城市白领一族、"80 后""90 后"消费需求更加层次化、个性化，游戏、电视、电影、KTV 等休闲娱乐方式极度丰富，消费者心理和行为发生变化。

三是同行竞争白热化。茶艺馆、茶餐厅、社区茶室等形式多样化，宠物茶馆、鲜花茶馆、音乐茶馆等各种创意主题茶馆层出不穷，消费者可选择的茶馆类型越来越多。

四是运营效率高、盈利好的品牌连锁茶馆新店数量增长迅猛，同时，大部分茶馆处于微利状态，还有一些茶馆处于倒闭的边缘。

从目前茶馆的业态特征来看，主要有以下几点。

（1）经营模式传统，服务同质化严重。经过多年的发展，茶馆仍旧沿袭宋代茶馆的经营模式，大多数茶馆"为卖茶而卖茶"，没有太大的突破。随着现代社会的发展，茶馆原有的丰富的社会文化功能被逐渐削弱，成了单一提供茶水服务的经营场所。经营者普遍缺乏创新意识，大部分茶馆的装修风格相近、茶叶品种雷同、经营模式单一。茶馆的同质化加剧了竞争，减少了收入来源，容易被其他同类型业态取代。

（2）数量众多，规模不大。据初步推算，全国的茶馆大约有几十万家，但除了连锁化经营的新式茶饮店，传统的茶馆在品牌知名度、单店经营规模等方面都缺乏头部品牌。行业内的大多数茶馆都是单店经营的小规模茶馆，老客户数量在 100 人以下，客单价比较分散，单店年度营业额不高、毛利率偏低、费用偏高，经营的不确定性较大。

（3）注重硬件投资，文化软实力提升不足。茶馆单一打拼硬件的时期已经基本结束，影响茶馆利润的主要因素是提供适合当地消费人群和消费习惯的特色服务，特别是具有文化内涵的社区服务和休闲服务。此外，茶馆从业人员大多未受过专业的教育或培训，对茶馆的经营理念、茶叶、茶具、茶文化等知识掌握得甚少，店长销售技能不足、对产品的销售积极性不高，同时，缺乏专业化和职业化的管理团队等造成了茶馆的文化软实力偏弱，影响了茶馆的经营业绩。

（4）单店投资大，连锁化程度低。因为茶馆要营造独特的氛围，单店的平均投资额整体偏高，基本超过了同等营业面积的餐饮店及新式茶饮店。茶馆行业的整体平均投资回报期超过了 2 年，再加上近几年房租费用、用工成本的不断上涨，茶叶及配套产品的囤货压力对茶馆经营者的投资实力和经营能力都提出了不小的要求。

虽然茶馆数量众多，但因为其类型繁多，连锁化程度较低，规模复制能力不强，连锁经营的茶馆无论是在门店数量、地域范围或品牌影响力上都远远不及餐饮店和新式茶饮店。中国连锁经营协会发布的《2021 新茶饮研究报告》显示，我国饮品店门店总数约为 42.7 万家，2020 年年底，我国饮品店门店数量约为 59.6 万家。其中，新式茶饮店占比最高，达到 65.5%，门店数约为 37.8 万家。从茶与咖啡门店的占比来看，新式茶饮店占比为 65.5%，门店数约为 37.8 万家，预计 2023 年新式茶饮店数可达到 50 万家；咖啡厅占比为 16.3%，门店数约为 9.7 万家。截至 2020 年年底，中国饮品店的连锁化率达到 36%，这一数据远高于餐饮业平均连锁化率 15%。易于复制的商业模式是饮品店连锁化率高的一个重要因素。

（5）市场竞争加剧。因受到新冠肺炎疫情的影响，茶馆运营中的不确定因素增多，加上新式茶饮市场步入黄金发展期，茶饮料、预装饮料、咖啡等同业竞争加剧。同时，因受到新冠肺炎疫情的影响，部分茶馆的空间聚集功能降低，其原有的部分功能被新兴的机构和媒介取代，竞争不仅来自同行业，还有来自新式连锁茶饮店、咖啡厅、酒楼、综合性商业体、外卖、社交媒体等其他业态的竞争。例如，中国连锁经营协会发布的《2021 新茶饮研究报告》中提到，到 2020 年底，现制饮品门店总数约为 59.6 万家，其中新式茶饮店占比为 65.5%，约为 37.8 万家。奈雪的茶、喜茶、乐乐茶、茶颜悦色等新式茶饮店一般都会配备休憩、品饮的空间，广受年轻人欢迎。

知识点 2　茶馆的功能布局现状

随着时代和社会经济的发展，茶馆的功能和布局方式在不断地变化。

1. 茶馆的功能发展现状

茶馆诞生时功能单一，主要是为顾客提供饮食、解渴等餐饮功能的。随着时代和社会经济的发展，茶馆的功能不断拓展，现代茶馆的主要功能如下。

（1）餐饮功能。餐饮功能是茶馆所具有的最基础的功能，自茶馆诞生时起该功能就存在了。目前我国茶馆数量众多，分布广泛，档次有别，茶品各异，能够满足不同茶客的饮茶需求。有的茶馆除了提供茶水，还卖小吃或兼营餐厅，方便茶客在此餐饮。

（2）休闲娱乐功能。在现代社会，尤其是在大城市里，生活节奏日益加快，人们忙碌之余总要休闲娱乐，其中茶馆便是一个好去处。在茶馆里，人们可以感受到那种安静、轻松、悠闲的气氛，一边喝茶品茗，一边赏美景、看字画，身心可以得到充分的放松。有的茶馆里还有棋牌游戏、曲艺表演等，更加方便茶客放松、娱乐。

（3）社交功能。茶馆具有良好的社交功能，主要体现在以下几个方面：一是可以以茶会友。平常朋友聚会、择偶相亲或情侣约会都可以选择在茶馆里进行。二是茶馆里方便进行交易合作、商务洽谈。茶馆历来就是商贾交易的重要场所，在现代社会，许多商务人士进行交易或洽谈商务都喜欢去茶馆，因为茶馆里环境清幽，文化气息浓厚，能够为其洽谈会见提供舒适、宽松的氛围。三是可以为同行人或有共同兴趣爱好的人们进行切磋提供场所。现代有些茶馆是一些主题茶馆，如收藏类、体育类、艺术类等主题茶馆，其能够将有这些有共同兴趣爱好的人们聚集在一起，方便大家沟通交流。

（4）信息传播交流功能。来茶馆喝茶的人学识、经历都不同，拥有的信息、资源也不同，大家来到茶馆里交流沟通，或谈论国家大事，或谈论家长里短，或谈论工作上的事务，抑或只谈一些八卦新闻，在交流沟通之中信息就传播开了。

（5）审美功能。人们为什么喜欢到茶馆饮茶呢？这是由于不少茶馆营造出来的文化氛围能够满足人们的"审美欣赏"需求。茶馆所提供的审美对象是多层面的，有环境之美、建筑之美、格调之美、香茗之美、壶具之美、茶艺之美等。

（6）文化教育功能。茶馆的文化教育功能主要体现在3个方面：一是茶客在饮茶的过程中可以学习到一些茶叶、品茶、茶艺等方面的知识；二是茶客在饮茶时心灵在茶事活动中得到熏陶，人的思想、品德、情感、志趣、学识和性格等方面会得到净化和提升；三是有些茶馆会举办一些茶文化专题讲座、开办各类茶艺培训班、整理出版各类茶文化方面的报刊资料、筹办书画艺术展等，有利于对茶客进行文化教育。

2. 茶馆的布局现状

就整体空间而言，茶馆的布局一般包括展示空间、演绎空间、私密空间、开放空间、体验空间、工作空间等几个部分。展示空间是用来展示民族传统和地方风俗特色物品的功能分区，可以展示一些工艺品，如紫砂壶、玉器、手串、刺绣等；演绎空间是相对戏曲、评书、杂技等形式的传统艺术表演而言的，在茶馆内部的空间环境中专门划分的功能性空间；私密空间是指相对封闭、安静的空间，包括卡座、包厢、雅间等空间形式，现代茶馆具有商务洽谈、服务功能，私密空间是必备的；开放空间是指茶馆空间中大众聚集、饮茶娱乐、欣赏文艺演出等的区域，平时用于接待散客，也可以作为茶馆举办小型聚会或讲座等的场所；体验空间是茶客学习茶艺或体验其他文化的功能空间，也可以是茶叶鉴赏和品评的空间；工作空间是茶馆的工作人员的专属空间，主要是指操作间、收银台、办公室等功能空间。

茶馆的布局合理与否，除了直接体现茶馆的档次、视觉效果，还会对茶馆的经营管理产生一定的影响。茶馆的合理布局有利于提高茶馆的经营效益，节省人力、物力、财力，降低能源消耗。从区域分布上来说，茶馆一般具备员工区域（分为办公区和生活区、设备间、库房等）、客用区域。客用区域分为公共区（停车场、卫生间、客用楼梯或电梯）、生产区（吧台、厨房、洗消间、备餐间、热水间）和营业区（商品区、餐饮区、品茗区、结账区、休闲娱乐区）。茶馆的客用区应给客人带来一种神秘的感觉，要有层次感、错落有致，要有移步换景的设置，要体现出茶馆特有的文化内涵。

茶馆的布局是文化修养的综合反映。为了能充分显示茶馆陶冶情操、修身养性的作用，在茶馆布局上需要下一番功夫，使之既合理、实用，又有不同的审美情趣。纵观现代茶室的布局，根据其功能和市场定位形成的风格一般有以下几种类型。

（1）中国古典式茶馆。中国古典式茶馆在外观上仿照中国传统的建筑形式，室内家具均选用明式桌椅，材料为红木、花梨木等高档木料，镶嵌大理石、螺钿更佳。壁架可以采用空心雕刻或立体浮雕，以中国书画为壁饰，并辅以插花、盆景等摆设。中国古典式茶馆主要包括厅堂式、宫廷式、书斋式、园林式等几种类型，厅堂式茶馆（见图1-8）如杭州中国茶叶博物馆的仿明茶室就是传统居家的厅堂形式。正对着大门以板壁隔开内外两堂，壁正中悬画轴，两侧为一副对联。壁下摆放长方形茶几，上置大型花瓶等饰物。宫廷式茶馆（见图1-9）在外观上采用传统建筑风格，室内仿照宫廷风格，使用紫檀木或红木家具，茶具等与之对应，显得端庄大气。书斋式茶馆（见图1-10）是读书、品茶合二为一的场所。它以中国传统的家居书房为样式，古朴雅致，充满书香气息。园林式茶馆（见图1-11）突出的是清新、自然的风格，或依山傍水，或坐落于风景名胜区，有一个独门大院，它由室外空间和室内空间组成，往往营业场所比较大。室外是小桥流水、绿树成荫、鸟语花香，突出的是一种纯自然的风格，让人直接与大自然接触，从而形成一种品茗的意境。

图1-8　厅堂式茶馆

模块一 认识茶馆的历史和现状

图 1-9 宫廷式茶馆

图 1-10 书斋式茶馆

图 1-11 园林式茶馆

（2）中国乡土式茶馆（见图 1-12）。中国乡土式茶馆重在营造乡土气息，一般可以分为地方乡土式茶馆和民族乡土式茶馆两种。地方乡土式茶馆大都以农村的背景作为主基调，在装饰方面，竹木家具、马车、牛车、蓑衣、斗笠、石、花轿等应有尽有。这一种茶馆的布局着重渲染山野之趣，所以室内家具多用木、竹、藤制成，式样简朴而不粗俗，不施漆或只施清漆。壁上一般不用装多余饰物，为衬托气氛，墙上可以挂一些蓑衣、渔具或玉米棒、红干辣椒串、葫芦等，让人仿佛置身于山间野外、渔村水乡。民族乡土式茶馆强调民俗乡土特色，追求民俗和乡土气息，以特定民族的风俗习惯、茶叶茶具、茶艺或乡村田园风格为主线，形成相应的特点。民族乡土式茶馆是以特定的少数民族的风俗习惯、风土人情为背景，在装饰上强调要形成民族建筑风格，茶叶多为民族特产或人们喜爱的茶叶，茶具多为民族传统茶具，茶艺表演具有浓郁的民族风情，如北京朋来先敬茶馆设置的具有傣族特色的傣式吊脚楼，成都的顺兴老茶馆充满川西风味。

图 1-12 中国乡土式茶馆

（3）欧美式茶馆（见图 1-13）。这个茶馆的布局是仿照国外茶室的装饰，营造一份异国情调。欧美式茶馆以设置卡座居多，是最普遍的一种茶馆。另外，广泛流行于都市中的音乐茶座也属于此种茶座。作为下午茶发源地的欧美地区，大多数茶馆都演化成了咖啡厅之类的餐饮场所。但真正富有传统韵味的欧美式茶馆有一种非常富丽堂皇的装饰风格。在茶馆设计上，多以乳白色天花板搭配铁艺玻璃吊灯、高品质的地毯和藤椅沙发，茶具以英国皇家瓷器为佳，多用文艺复兴时期的油画、雕像等装饰，无处不展现出高雅、华丽的格调。

图 1-13 欧美式茶馆

（4）日本和式茶馆（见图1-14）。日本和式茶馆的布局，即室内铺榻榻米，茶客脱鞋入内，席地而坐，整体布局极其简洁明快，或挂一幅画，或插一束花。窗帘和桌布等多采用素雅的格布，照明以暖白色为主。有的茶室还设计了一些来自"大自然"的东西，比如在茶室边缘"栽种"一些长青树木，树下放一堆卵石，营造一种天然的氛围，这样更能体现日本茶道亲近自然和返璞归真的思想。

图1-14　日本和式茶馆

任务实施

步骤一：组建学习任务小组

教师根据学生的学号随机划分学习任务小组，每5~6人为一个学习任务小组，由任务小组成员自行选举小组长。

步骤二：任务分工

由小组长组织小组成员对如何完成本模块的学习任务"认识茶馆的发展现状"进行充分讨论，制订完成该学习任务的初步计划，同时小组成员之间做好任务分工。例如，可以将学习任务划分为以下两个子任务。

（1）茶馆的功能发展现状。主要介绍当前茶馆的几大功能。

（2）茶馆的布局发展现状。主要介绍当前茶馆的布局形式和风格等。

步骤三：为讲演介绍做准备

小组成员做好分工后开始搜集资料，可以从网上搜寻，或去图书馆翻书查阅，或实地探访茶馆，对茶馆经营者进行访谈，把搜集的资料整理成文档，做成PPT或书面报告，由小组成员依次上台讲演介绍。

步骤四：评价

小组成员完成讲演任务后，可以先进行自我评价和自我分析，然后由台下的其他小组成员进行打分和评价，最后由教师进行简要点评并总结。评价内容、评价标准及各项目的分值见本书附录中的任务评价表。

任务巩固与案例分析

一、任务巩固

（1）小张和小王毕业后准备一起创办一个茶馆，在创办茶馆前有很多准备工作要做，其中了解茶馆当前的发展概况是一项非常重要的内容，需要做市场调查。那么，在做市场调查时，关于所在城市茶馆的发展现状的调查该从哪些方面入手呢？

（2）经过2~3个月的努力，小张和小王终于了解清楚了茶馆的发展现状和当地茶馆市场的情况，接下来，他们准备创办茶馆，创办一个什么样的茶馆呢？他俩犯了难。请你为他们介绍一下现代茶馆的主要类型和功能布局。

二、案例分析

2个经典茶馆经营案例

元泰红茶屋

始于福建的元泰红茶屋是以经营红茶产品为主题的西式连锁红茶屋，其融合英式红茶馆和咖啡馆的文化于一体，定位为"休闲时尚的好去处"。主打惬意空间体验，配合宽带网络、经典音乐，在这里能充分感受红茶消费新时尚。

经营分析：

（1）加入管理体系。元泰红茶屋加入ISO9000质量管理体系，帮助管理者提高组织绩效，将不使用管理体系的竞争对手抛于身后。通过认证便于衡量绩效，并更好地管理运营风险。

（2）使用设备。在产品方面，元泰红茶屋采用多个全自动、半自动设备，既节省人员成本，又能标准、快速地生产产品，产品质量稳定。

一句话总结就是，让茶客在中西合璧的浪漫情调中享受精致的茶具、茶品、茶点。

第一滴水茶艺馆

位于白茶原产地——安吉的第一滴水茶艺馆是一幢掩隐在松林、竹林间的园林建筑，所谓大隐隐于市，正契合茶馆的风格和神韵。

定位为中高端消费人群，可在休闲娱乐、商务会议、礼品展销、书画创作、艺术品展等多种场景下使用，情景交融，品味名茶，达到天人合一的境界。

经营分析：

若要论核心竞争力，不在茶中，而在茶外。

（1）专业人才。第一滴水茶艺馆中层以上的管理人员均有高级茶艺师资质，每个员工岗前要通过初级茶艺师培训，工作之余要读《茶经》，背诵《弟子规》等经典书籍。

（2）钻研细节。第一滴水茶艺馆的原料均采自生态环境一流的茶园，泡茶用水来自山泉水，茶器选择专门定制的龙泉青瓷，沏茶的方式会根据四季来调整。通过坚持细节将茶客变为常客，将常客变为亲人。

一句话总结就是，茶馆不大、投资不大，但收益很大，奥妙就在于"功夫在茶外"。

通过阅读以上2个茶馆经营案例，关于创办何种类型的茶馆，以及如何进行茶馆的经营布局，你有何启发？

模块二 认识连锁经营的基本原理

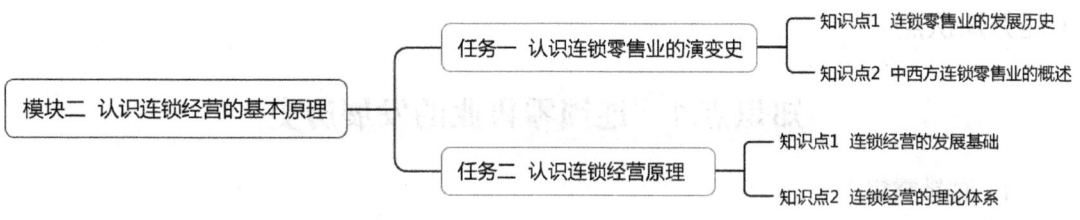

◇ 任务一 认识连锁零售业的演变史

【任务分析】

茶馆属于餐饮行业，同时属于零售业。因为茶馆里不仅销售茶水、茶叶，还销售茶艺服务等。目前茶馆行业发展的一个大趋势是采取连锁经营模式。因此，创办茶馆或经营茶馆，一定要了解与连锁经营模式相关的基础知识，认识连锁零售业的演变史有助于把握茶馆行业的发展趋势，增长茶馆连锁经营方面的专业知识，为在茶馆连锁经营中做正确决策做好铺垫。

要认识连锁零售业的演变史，就要先对其演变史进行阶段划分，比如可以先将其划分为萌芽阶段、成长阶段、兴盛阶段、衰落阶段等，然后再对其各个阶段进行具体分析。由于连锁零售是连锁经营方式在零售业中的应用，因此若你对连锁零售不太了解，可以先对"连锁""零售""连锁零售"的内涵进行了解，对零售业的演变史进行分析，这样可以为分析连锁零售业的演变史做好铺垫。

【任务目标】

知识目标	1. 认识零售业的发展历史 2. 认识连锁零售业发展的5个阶段 3. 认识中国连锁零售业的发展历史 4. 认识西方主要国家连锁零售业的发展历史 5. 认识中西方连锁零售业的发展现状

续表

技能目标	1. 能够概述零售业发展史上的 5 次变革 2. 能够概述当前世界上知名连锁零售企业的情况 3. 能够概述中国连锁零售业发展的历史和现状 4. 能够概述西方主要国家的连锁零售业的发展历史和现状
思政目标	1. 了解我国连锁零售企业品牌，增强民族自信心 2. 对比中西方连锁零售企业的发展概况，为我国连锁零售企业发展建言献策，树立促进中国连锁零售企业发展的理想信念

任务知识点

知识点 1　连锁零售业的发展历史

1. 连锁零售

（1）连锁的内涵。连锁是一种商业经营模式。根据《连锁经营术语》（SB/T 10465—2008）中的规定，连锁经营是指经营同类商品或服务，使用同一商号的若干店铺在总部的管理下，采取统一采购或特许经营等方式，实现规模效益的组织形式。

（2）零售的内涵。零售是直接将商品或服务销售给最终消费者的商业活动，是商品或服务从流通领域进入消费领域最后的环节。零售可以分为两种类型，一种是商品零售，一种是服务零售，如图 2-1 所示。

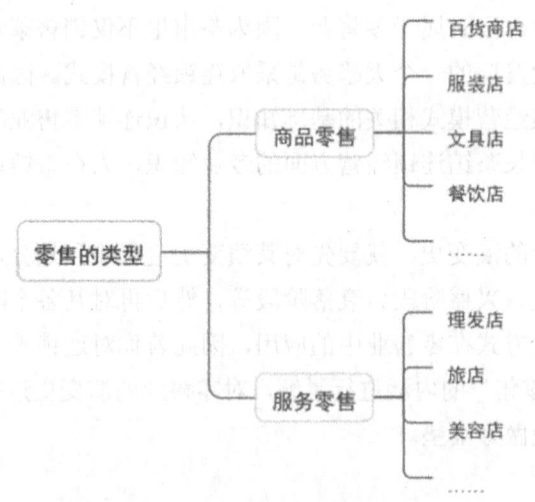

图 2-1　零售的类型

由零售商店所组成的行业称为零售业。零售业的发展可以追溯到 19 世纪中叶百货业的诞生，也就是所谓的"第一次零售革命"，迄今为止已有 170 多年的历史，在此期间，零售业态不断创新，新兴零售组织形式不断出现。纵观零售业的发展历史，可知其经历了 5 次变革。

① 第一次变革——百货商店的诞生。第一次变革是在1852年前后，世界上出现了第一家百货商店。零售业由古老的家庭小作坊自给自足、"随缘交易"的方式变为专业售卖、囤货流通的百货商店，其变革主要带来两大变化：一是实现了产品生产批次化，保证产品数量的同时，转变了原本物以稀为贵、货物数量少、售卖价格高的局面；二是让原本售卖商品单一的商店开始往品类多、数量多、可选择性多的百货商店转变，这就形成了最早的百货商店的雏形，客户从此不用再为买几种商品而四处奔波，百货商店的功能性逐渐体现出来，改变了人们对交易方式的认知。

② 第二次变革——连锁商店的诞生。第二次变革是在1859年，零售业由单个的百货商店转变为连锁百货店，运用同样的商品、同样的运作交易模式，由原本一家店铺开始向更多的店铺发展，让更多的人、更多的地方开始体验百货商店、零售业带来的改变，而在选址上更贴近人们生活聚集的中心，使购物变得更加便捷。

③ 第三次变革——超级市场的诞生。第三次变革是在1930年，超级市场诞生后，一些百货店铺的品类、数量、规模已经无法满足人们的需求。随着科技的进步，计算机系统的应用开始改变人们的生活，百货商店引入了现代化的收银系统、核算系统、订货系统（最早的进销存系统）等，同时不同人员的功能划分进一步加强了其销售能力，这就是我们现在看到的超市的最早雏形。

④ 第四次变革——无店铺零售的诞生。第四次变革开始于20世纪90年代。互联网的普及拉近了人们与世界的距离，此时电商的产生与发展使人们跨越了地域限制，大大增加了人们对商品的选择范围，让更多的商品流通起来，商品已经不只是在周围和当地范围内进行售卖了。同时电商的出现颠覆了多年来形成的多级分销体系，减少了货物在中间商之间的流通次数，大大降低了最终客户的购买价格，使得商品价格进一步下降，让更多人在更大的范围内有更多的商品可选择，且价格可能更低。

⑤ 第五次变革——新零售的诞生。零售业的第5次变革就是我们现在所处的阶段。"新零售"的概念是由电商巨头阿里巴巴创始人马云在2016年10月13日在杭州召开的云栖大会演讲上提出的。新零售主要解决传统电商一直被诟病的体验感差和收到货物的延时性，主要是以线上和线下相结合，增强客户购物体验感的同时，主要以提升货物配送的及时性，让客户以最快的方式收到自己心仪的商品，且可以保证价格优势。新零售省去了之前烦琐的盘点、核实库存、补货的大量时间，同时可以根据云客系统将客户录入、客户标签化管理、订单跟踪、绩效管理整合到云端。在大数据的精确计算分析下，给店主和企业主提供了清晰的数据体现，方便店主在经营的同时更好地进货、铺货，在销售高峰期减少不必要的货物积存，让企业处于良性发展中。

（3）连锁零售的内涵。上述的这些零售商店若采取连锁经营的方式，可以称为连锁商店；若酒店采取连锁经营的方式，可以称为连锁酒店；若茶馆采取连锁经营的方式，可以称为连锁茶馆，所以，零售业如果采取连锁经营的方式，可以称为连锁零售业。连锁零售业是指由同一机构所有与管理的系列商店所组成的行业。连锁零售业几乎涵盖了所有的零售业类型。其中，连锁便利店、连锁百货店、连锁折扣店、超级连锁专卖店等都是连锁零售业的具体形式。

目前国内外的连锁零售企业有沃尔玛、家乐福、苏宁电器、国美电器、百联、华润万家、大润发、美国WUMART、麦德龙、五星电器等。

① 沃尔玛成立于1962年，是世界500强企业之一，连锁零售企业、十大商场超市品牌之一，全称为沃尔玛（中国）投资有限公司。

② 家乐福是法国、欧洲、世界第二大零售连锁企业、世界500强企业之一、国际知名品牌，全称为家乐福（中国）管理咨询有限公司。

③ 苏宁电器是世界品牌500强企业之一、全国较大的家电零售连锁企业之一、中国Top 500有价值品牌，全称为苏宁电器股份有限公司。

④ 国美电器成立于1987年，是中国最大的以家电和消费电子零售为主的国家连锁企业，全称为国美电器集团。

⑤ 百联是中国企业500强之一、国内的贸易流通集团、国有独资企业、上海连锁企业品牌之一，全称为百联集团有限公司。

⑥ 华润万家是中国零售连锁企业品牌之一，是国有控股公司华润集团有限公司旗下的公司，全称为华润万家有限公司。

⑦ 大润发是台湾润泰集团旗下的大型商业连锁超市运营商、连锁商场行业品牌、十大品牌之一，全称为上海大润发有限公司。

⑧ 美国WUMART是中国以连锁方式经营的集团公司之一，全称为北京美国商业集团有限公司。

⑨ 麦德龙是世界500强企业之一，全称为锦江麦德龙现购自运有限公司。

⑩ 五星电器是全球家电零售百思买旗下的企业、全国家电零售连锁企业，全称为江苏五星电器有限公司。

连锁零售业起源于零售业的第二次变革，它的产生是零售业发展的必然结果，也是现代市场竞争发展的必然产物。

2. 连锁零售业发展的4个阶段

（1）萌芽阶段。19世纪中期至20世纪初是连锁零售业发展的萌芽阶段。这一阶段连锁零售业发展的特点是店铺数量少、企业少，还未在零售业占据一定的地位，涉及的零售商品主要有食品、布匹、五金、缝纫机等。

大美国茶叶公司是1859年由乔治·吉尔曼和乔治·亨廷顿·哈特福特在纽约创办的。大美国茶叶公司创办时规模很小，由于从中国和日本进口茶叶，售价很低，因此销路很好，大获成功。1860年，该公司开设了第二家分店，1865年，该公司已拥有26家分店，全部在百老汇大街和华尔街一带经营茶叶。连锁经营模式的成功使得他们信心倍增，于是该公司增加了其他食品杂货经营项目，如调料、咖啡、肥皂等。1869年，该公司改名为大西洋和太平洋茶叶公司（见图2-2），并开始把它的连锁店向美国东北部拓展。1880年，该公司已经拥有100家分店，经营地区从圣保罗、明尼苏达到诺福克、弗吉尼亚。

图2-2　大西洋和太平洋茶叶公司

连锁经营模式在食品杂货业的成功应用引起了其他同行的效仿，其他茶叶公司相继建立了连锁商店，如布鲁克林的琼斯兄弟茶叶公司，该公司于1872年成立，后来成为目前的美国联合百货公司。还有人用同样的方法经营别的杂货，如布匹、五金等。1879年，伍尔沃兹兄弟在宾夕法尼亚的东南部开设了7家出售布匹、五金等廉价商品的杂货店，1990年，其营业额已超过500万美元。1909年，它在美国的连锁商店达到318家，并开始在英国发展分店。

与大西洋和太平洋茶叶公司在同一时期成立的另一家成功的、大型的连锁经营公司是胜家缝纫机公司，它是公认的特许经营连锁店的鼻祖，其生产的缝纫机在当时是时代的新产品。但是由于消费者对新产品的性能认识不足，导致其产品销售困难。1865年，胜家缝纫机公司大胆尝试采用"特许经营"网络分销的方式进行产品销售，取得了很好的效果并迅速打开了销路，从此雄霸美国市场。

1887年，美国130多家食品零售商共同投资兴办了一家联合批发公司，为出资的成员企业服务，实行联购分销，统一管理，各成员企业仍保持各自的独立性，这便是后来被世界公认的自由连锁店。

（2）成长阶段。20世纪初至20世纪中期是连锁零售业的成长阶段。这一时期，连锁零售业的主要特点是连锁零售企业在美国占据了主导地位，出现了一些大型的百货连锁店和超市连锁店；连锁零售店的数量大大增加，销售额迅速增长；连锁零售企业的经营范围由区域拓展为全国并开始展开激烈竞争。

20世纪初，连锁商店在各行业迅速发展。1900年，美国共有58家连锁企业，1920年，已激增到800家连锁企业，近5万个连锁分店。这些连锁分店遍布全国各大城市的街道，包括小城镇，致使成千上万个杂货店和小商贩被排挤出。

例如，大西洋和太平洋茶叶公司在1915年拥有1600个专卖店，并开设了提供肉类和农产品的专卖店。1930年，它的销售额为10亿美元，店铺为16000家。1936年，该公司采用"自助式超市"的经营模式，1950年，拥有了4000家大型商场。《华尔街日报》在2010年12月10日的博客中提到，该公司与美国众所周知的麦当劳或谷歌一样出名，是在沃尔玛之前最大的连锁超市。

（3）成熟阶段。20世纪50年代至80年代是连锁零售发展的成熟阶段。这一时期，连锁零售业的发展特点是，连锁店的规模越来越大，不仅统一店名、商标、商品，而且统一经营制度，进行统一进货、统一管理；在地点的选择、人员的训练、广告促销、服务标准、资金融通等方面都做了统一规定。同时，自由连锁、特许连锁等形式都有了较大的发展，连锁经营进入了成熟、规范的发展阶段。

20世纪50年代，各种折扣百货连锁零售店迅速发展。以1965年为例，全行业年销售额约为12亿美元。20世纪60年代初，它已经成为美国零售业中发展最快且最重要的部分，并对现有的零售组织及经营方式产生了重大影响。20世纪60年代末，该行业的总销售额已经超过了传统百货公司的总销售额。1970年，其销售额达222亿美元，全国已有近5000家折扣百货店，由900多家公司经营，其中一半以上的折扣百货店属于拥有10家或10家以上分店的公司，60余家公司的年销售额达到了5000万美元。

（4）兴盛阶段。20世纪80年代至21世纪10年代是连锁零售业发展的兴盛阶段。这一时期，连锁零售业的发展有以下两大特点。

一是经营的范围不再局限于速食餐馆行业，而是迅速扩展到非食品零售业、旅馆业、不动产业、租赁业、健身美容业、教育业、商业服务业、服装业、医药业、眼镜业、保健品业等，涵盖面几乎扩大到了所有的商业服务业，成为商业服务业的主要经营形式。比如，自20世纪80年代以来，中国香港的连锁零售业就进入了兴盛时期。除了集团式酒楼、超市、便利店和快餐店，服装店、眼镜店、中西药店、面包店、书店、理发店、珠宝店等都竞相采取了连锁经营方式。

二是连锁零售企业开始进入国际化时代，在全球各地开设分店。虽然国际连锁加盟协会于1960年就在芝加哥成立了，但是当时该组织还只是局限于美国的区域性组织，20世纪90年代才开始积极地发展国际连锁。因为在20世纪80年代末到90年代初，随着科技的进步和信息高速公路的建设，全球经济呈现出一体化趋势，国际贸易往来日益频繁，许多连锁店开始走出国门在其他国家大量开设分店。例如，法国的家乐福公司由于在本国的发展受到限制，从1973年开始转变经营战略，将经营重点转向国外。在其最主要的海外战场——欧洲，家乐福收购了意大利、西班牙、希腊等国家的公司。1999年，家乐福与普美德斯合并，成为欧洲食品零售的"巨人"。2001年，家乐福成为国际化的零售企业，拥有超过9200家商店，遍及31个国家和地区。2004年，家乐福在波兰收购了13个大卖场，它在31个国家和地区共有495000名员工，它的15000家店铺的营业额达到1090亿欧元。这些店铺除了属于"家乐福"这个品牌，还包括家乐福旗下的诸多超市品牌，如市场多（Marche Plus）、Shopi、8至八（8 a Huit）、Proxl、Ed、Promocash、迪亚（13ia）、

GS 等。人们经常把家乐福等同于法国本土的家乐福大卖场。实际上，它是一个真正的国际集团，超过一半的营业额是在法国外部实现的。

（5）衰落阶段。从 21 世纪 10 年代至今，连锁零售业进入衰落阶段。其衰落主要源于两个因素：一是电商的冲击，尤其是网上零售日益崛起对实体连锁零售业影响颇大；二是受新冠肺炎疫情的影响，实体连锁零售业的发展更加艰难，许多大型连锁零售店日益亏损，门店倒闭数量逐渐增多。

知识点 2　中西方连锁零售业的概述

1. 中国连锁零售业的概述

（1）中国连锁零售业的发展历史。

1984 年 8 月，以商标特许形式在北京落户的皮尔卡丹专卖店开业，这被视为中国连锁零售经营的开端。

1986 年，天津高达集团公司创办了天津立达国际商场，并在国内率先组建了连锁店，拉开了我国本土零售连锁经营的序幕。

1987 年，木兰集团旗下的"沈阳木兰家电连锁"作为我国较早的家电连锁销售企业，在 20 世纪 90 年代初为该集团发展的鼎盛时期，木兰集团在国内开设了 200 多家家电连锁商店。同年，肯德基首家连锁店入住中国。

1990 年，东莞市糖酒集团美佳超市在虎门镇开设了"美佳食品连锁店"，在两年内连锁店的数量增加到了 18 家，销售额突破 7000 万元。美佳超市凭借其连锁经营管理确立了在东莞乃至全国连锁业中的整体优势地位。同年，麦当劳连锁店开始在我国遍地开花。

1991 年 9 月，上海联华超市商业公司在上海开设了第一家连锁超市——联华超市曲阳店。1992 年 9 月，上海华联超市公司成立，第二年其门店数量达到了 11 家。1993 年底，上海市开设了 300 家超市门店和自选商场。

1996 年 12 月，国外连锁集团纷纷在中国开店，已开业的有美国沃尔玛、法国家乐福、日本大荣、德国麦德龙、荷兰万客隆等。1996 年底，全国已有各类超市连锁企业 700 多家，各种形式的直营店、加盟店 1 万家左右。

1999 年底，中国连锁企业有 1500 家，各种形式的门店达 2.6 万家，销售额达 1500 亿元。2000 年底，全国连锁企业已有 2100 家，店铺数达 3.2 万家，销售总额达 2200 亿元。2007 年底，全国连锁门店数量达 145366 家，并实现零售额 13066.8 亿元，比 2006 年增长了 21.4%。

2010～2020 年，我国连锁零售企业规模不断壮大，准入门槛不断提高，同时企业运营质量不断提升。以连锁百强企业为例，其销售额从 2010 年的 1.66 万亿元增加到 2020 年的 2.4 万亿元，10 年间增幅达到 44.58%，其间一直在波动中增长，2013 年，其销售额首次突破 2 万亿元大关，2020 年，由于受新冠肺炎疫情的影响，其销售额有所下降，如图 2-3 所示。

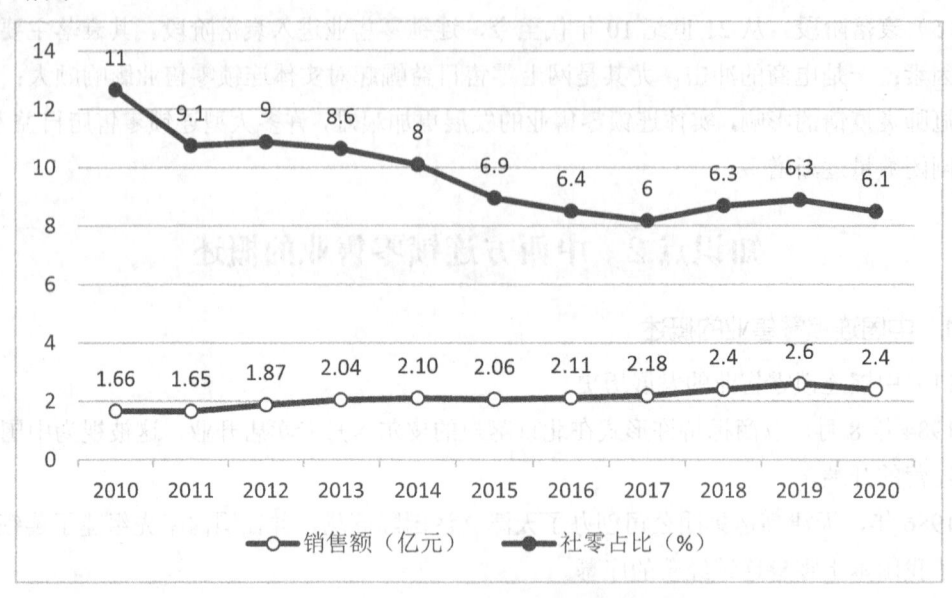

图 2-3　2010～2020 年连锁百强销售规模

纵观我国连锁零售业的发展历史可知，我国连锁零售业相较国外而言，起步较晚，但发展十分迅速，一直保持良好的增长趋势，销售额不断增加。

（2）中国连锁零售的发展现状。

① 整体连锁零售水平基本保持稳定，连锁门店总数平稳增长，连锁零售企业的商品销售总额稳步增长。连锁品牌化便利店扩张较快，借助网点布局贴近消费者、营业时间长等优势，近年来便利店的销售额保持快速增长，便利店营业面积小、选址灵活，有利于其快速扩张。从门店规模看，2020 年，中国便利店门店数量达 19.3 万家，其中传统便利店数量达 14.4 万家，同比增长 9%，基本维持 2019 年水平，门店数量增速放缓。2020 年，全国品牌连锁便利店销售额为 2961 亿元，增速为 6%左右。

② 近 10 年来增长速度波动明显放缓。根据国家统计局数据显示，2012～2019 年，我国连锁零售的门店数量整体呈现增长的态势，但增速波动明显，2019，年门店数量增速下降至 1.2%，门店总数为 252656 个（见图 2-4）。增长速度放缓主要是因为经过了 30 多年的高速发展，近年来我国宏观经济下行压力增加，进入了转变经济增长方式、调整产业结构的时期，加之电子商务的蓬勃发展及受新冠肺炎疫情的影响，连锁零售业进入了提质、增效、升级的新阶段。2012～2019 年我国连锁零售销售额复合平均年增速不足 1%，近两年受到头部企业的挤压，中尾部连锁零售企业加快出清，2019 年，我国连锁零售销售额为 37256.93 亿元，增速较上年下降 2.0%（见图 2-5）。

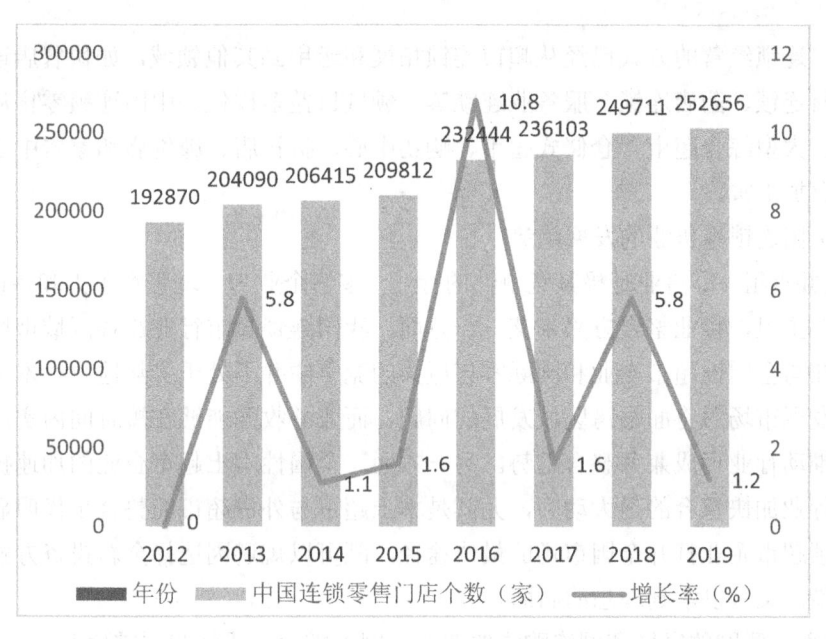

图 2-4 2012~2019 年中国连锁零售门店数量统计及增长情况

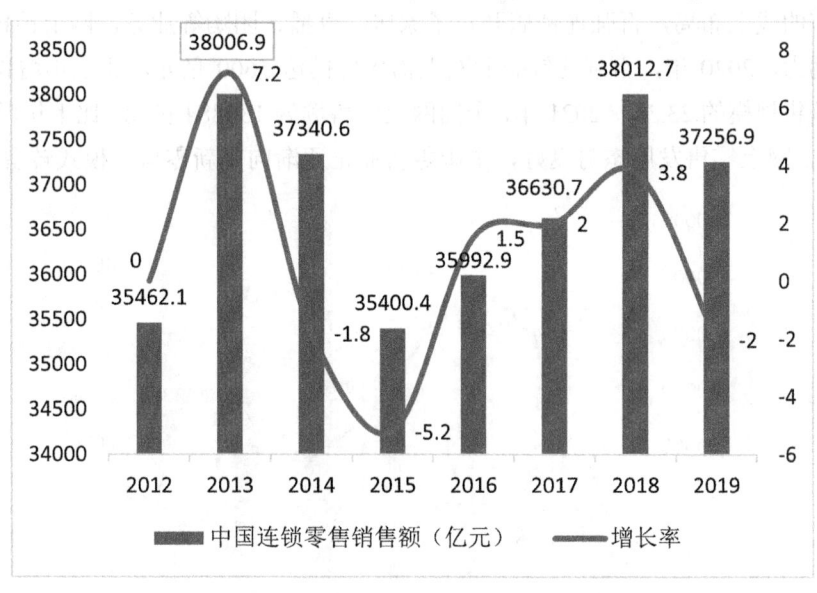

图 2-5 2012~2019 年中国连锁零售销售额统计及增长情况

③ 连锁零售业地区之间发展的不平衡。我国连锁零售企业主要集中在东部沿海地区和大城市。虽然中西部地区和中小城镇有所发展，但是相比而言，上海、北京、广东、浙江、山东、江苏等地的连锁零售企业的发展速度、规模、水平要明显高于其他地区。

④ 连锁零售经营规模化、行业多样化、业态丰富化。目前，全国已经形成了一些较大规模的连锁零售企业，如苏宁易购、国美零售、红星美凯龙家居、永辉超市等。这些连锁零售企业发展势头迅猛，规模效益明显，市场份额不断扩大，居中国连锁百强榜前列。

目前，连锁经营的方式已经从超市连锁拓展和运用到其他领域，如快餐店连锁、家电连锁、建材连锁、药店连锁、服务业连锁等，领域日益多样化。中国连锁零售从超级市场向便利店、大型综合超市、仓储式超市、购物中心、折扣店、廉价店和家居中心等业态发展，业态愈加丰富。

（3）中国连锁零售业的发展趋势。

① 兼并重组。零售业是极具竞争性的行业，零售企业为了增强竞争力和话语权，近年来纷纷兼并重组，行业整合方兴未艾。一方面，我国连锁超市行业在各区域市场均存在龙头企业，在与全国性超市企业和国际零售巨头的竞争中并不处于劣势地位。本土的龙头企业在充分发展市场后将面临跨区域发展的问题，而兼并收购能够在短时间内实现跨区域发展，从而推动行业形成兼并整合趋势。另一方面，全国性本土超市企业的加速扩张是推动连锁超市行业加快整合的最大动力，尤其是本土超市与外资超市的整合步伐明显加快。并购将是连锁超市企业打开全国市场的最快途径，既可以规避因选择全新投资方式而引起的竞争和风险，又可以拿到理想的店面。

② 随着互联网的发展和网络购物的普及，网上零售已成为我国零售业发展的新趋势。通过近几年的线上布局，百强连锁店开拓了家居、直播、团购等业务，网上销售成为企业成长的新动力。2020 年，百强连锁企业网上销售规模达 5600 亿元，比上年增长 12%，占百强企业销售规模的 23.3%。2021 年，全国网上零售额为 130884 亿元，比上年增长 11.29%（见图 2-6），网上零售发展态势良好，中国零售业正逐渐向"新零售"模式转型。

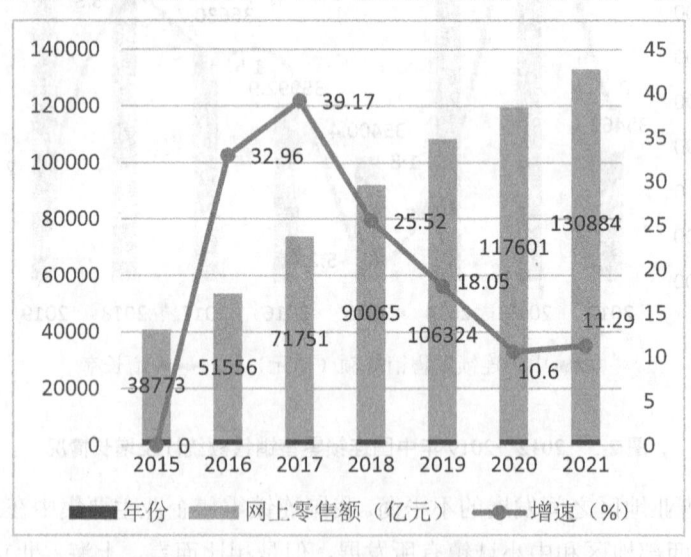

图 2-6　2015～2021 年中国网上零售额及占比

2. 西方国家连锁零售业的概述

（1）美国的连锁零售业。自 19 世纪中期以来，美国的连锁经营已经渗透到零售商业、餐饮、服务等各个领域。美国连锁零售业的发展大概可分为以下 5 个阶段。

① 创始阶段（19 世纪中叶至 20 世纪 50 年代）。1859 年，美国出现了第一家连锁店，即"大西洋和太平洋茶叶公司"。20 世纪 30 年代，超市市场蓬勃兴起，美国开启了由传统的单店式百货店向多种形式、各具特色的全国性连锁店的发展进程。20 世纪 50 年代，美国郊区出现了大型购物中心。在初创阶段，美国连锁店的数量并不多，连锁经营以"商标、商品连锁"为主要方式，连锁店借用总公司的商品和商标名称，在经营管理制度上没有统一。

② 黄金发展阶段（20 世纪 50 年代至 20 世纪 80 年代）。二战后，美国高速公路网的建成、计算机技术的普及应用、一些配套软件的成功应用等都促进了美国连锁零售业的高速发展。尤其是从 1970 年到 1980 年，由于美国经济不景气，许多商店纷纷自动联合组织连锁店，以提高流通效率，出现连锁化经营热潮。这一时期可以称为美国连锁零售业发展的黄金时期。

③ 开拓发展阶段（20 世纪 80 年代）。经过 100 多年的发展，连锁经营的优势已经被人们所认知。此时，连锁经营已经不再局限于零售业和餐饮业等少数行业，开始向非食品行业、旅游业、咨询业、教育业、服装业、医药业等渗透。这一时期也称为第三代连锁加盟店的发展时代。

④ 全球化阶段（20 世纪 80 年代至 21 世纪初）。20 世纪 80 年代末到 90 年代初，随着科技的进步和信息高速公路的建设等，全球经济一体化趋势日益加强，此时美国连锁零售企业凭借雄厚的资金、成熟的技术、现代化的经营管理理念纷纷抢占海外市场，连锁经营进入全球化阶段。1993 年，美国 100 家零售企业共有 10 万个连锁网点，平均每家企业有 1000 个连锁网点，销售额为 5830 亿美元。2001 年，在"全美 500 大"企业排名中，共有 14 家各类连锁零售企业入围，其年销售额达 2200 亿美元。

⑤ 衰退阶段（21 世纪初至今）。2003 年后，电商行业逐渐崛起。以亚马逊等为代表的电商崛起极大地冲击了美国连锁零售业。受经济低迷和电商冲击影响，美国零售业近几年举步维艰，面临着关店、破产、裁员、销量下降的困境。据了解，2019 年，美国宣布倒闭的零售门店数量累计超过 9300 家。2020 年，受新冠肺炎疫情的影响，美国几十家零售商申请破产，导致超过 47000 家连锁店在 10 天内关闭。

（2）欧洲的连锁零售。欧洲具有代表性的国家是英国、法国、德国，下面以英国、法国、德国为例介绍连锁零售业在欧洲的发展情况。

① 英国的连锁零售业。英国出现连锁零售商店比美国晚 2~3 年。1862 年，英国伦敦创建无酵母面包公司。二战后，连锁店在英国迅速发展起来。尤其是从 20 世纪 60 年代到 20 世纪 70 年代，连锁店发展很快，逐渐形成了巨大的销售网。1984 年，英国大型连锁店的营业额占据了整个零售业营业额的 69%。例如，英国曾经较大的连锁店马狮公司在鼎盛时开设了 900 多家门店，每周接待顾客约 1400 万位，其销售额为英国整个服装销售额的 62%。玛莎百货是英国较大的跨国商业零售集团，也是英国的代表性企业之一，在英国零售商中具有较强的盈利能力。玛莎百货在本土开设了 600 家门店，遍布英国各个城市和地区，

在全球40个国家和地区共开设了285家门店。进入21世纪后，英国连锁零售业开始缓慢发展。2011年，英国连锁零售业的销售额增长了3.6%，并且连续5年持续增长，年均递增3%。然而，近年来，随着零售商重组业务和在线购物的增多，以及受新冠肺炎疫情的影响，英国每天约有16家实体店关闭。玛莎百货于2019年宣布关闭110家门店，这家有着130年历史的零售商于2018年已经关闭了35家门店。2019年上半年，英国关闭了2868家零售店。2020年7月，英国门店最多的药妆连锁企业博姿宣布，因受新冠肺炎疫情影响，在英国境内关闭48家门店，预计裁员超过4000人。

② 法国的连锁零售业。法国的连锁零售从结构上来说有三大特色：一是中小型连锁店众多；二是大型连锁店的营业额在总营业额中占较大比重，1989年，年营业额在10亿法郎以上的法国连锁公司只有27家，但其营业额却占全国连锁营业总额的63%，如家乐福是仅次于沃尔玛的商业零售集团；三是品牌连锁店多，法国绝大部分的大型超市、普通超市、百货商场及便利店属于品牌连锁店。除了家乐福这种大型的连锁零售企业，法国的连锁零售企业还有欧尚集团、菲纳逊斯、法切莱等。在过去的50年间，家乐福和欧尚集团不停地扩张。家乐福在巴黎的77个省的卖场占地面积为24000平方米，欧尚集团在78个省的卖场面积达19000平方米，然而这样辉煌的时代即将终结。新一代的法国人更喜欢就近购物，而非驱车前往郊区大量采购，网上购物越来越便捷。在这种趋势下，欧尚集团等超级卖场的优势不复存在。尽管超市大卖场和品牌连锁店占主导地位，但一些电商和零售App如雨后春笋般应运而生，开始争夺零售市场的份额。这些电商和零售App的背后折射出的是消费者的购物习惯和零售业的发展趋势。虽然法国经济现状不佳，但是网络零售市场迅猛发展，法国电子商务联合会2015年公布的数据显示，由于网上供应的商品越来越丰富，上网购物的新顾客越来越多，法国网络零售额增长10%，达624亿欧元。近年来法国电商以每年增加1%的市场份额的速度持续发展，2016年，已占到零售业市场份额的8%。

③ 德国的连锁零售业。自20世纪80年代以来，德国的商业企业及其组织形式发生了巨大的变化。一是超市市场、消费者市场和自动售货商店获得了巨大发展；二是非组织的中间零售商对流通的影响力大大减小；三是连锁零售企业在德国的市场地位显著提高；四是公司联号已成为德国较普遍的一种商业企业组织形式，规模日趋集中。德国的连锁零售企业有麦德龙、阿尔迪等。其中，麦德龙是德国较大的商业集团，经过近50年的发展，现在麦德龙已经成为欧洲较大的商业连锁企业之一，并自1999年开始排名世界零售百强第3位。目前，麦德龙在全球20多个国家和地区创立了3000多家门店，拥有约20万名员工，年销售额超过1000亿德国马克。阿尔迪是德国较大的连锁折扣零售商，该连锁折扣零售商出售的商品价格便宜，价格比一般超市的商品价格低30%左右。2004年，其销售额达370亿美元，拥有7000多家门店。近年来，德国连锁零售业发展增速日益放缓，受电商冲击和新冠肺炎疫情影响，许多连锁零售店倒闭。据德国媒体报道，因受新冠肺炎疫情影响，德国较大的连锁百货集团——加莱里亚集团宣布进入破产程序，在德国境内关闭47个城市的

56家门店。

（3）日本的连锁零售业。日本的连锁零售兴起于二战前，20世纪20年代中期，连锁经营方式从美国传入日本，当时一些地区性零售商成立了共同的进货机关，以利用共同进货、降低进货价格对抗大资本，但当时日本商业落后，这些组织并未壮大起来。

二战后，连锁经营在日本恢复发展，尤其是在20世纪60年代日本经济高速发展时期得到长足发展。1963年，日本优先家连锁店——"不二家"西式糕点咖啡连锁店创立。从1967年分布在各行业的连锁店来看，零售业有201家连锁店（占总数的32.5%），餐饮业有291家连锁店（占总数的47%），服务业127家连锁店（占总数的20.5%），并且有逐年上升的趋势。1972年，日本连锁加盟协会成立，日本的连锁经营体系基本完善，其连锁店当年的销售额在全国社会商品零售额中居第一位，而且连锁店的资本利润率很高。比如，日本的7-Eleven便利店在1991年使用总资本利润率达到了25%。截至2016年1月，7-Eleven在全球17个国家通过运营、特许加盟和授权经营等模式共拥有58300家门店。

1992年，日本已有连锁公司688家，店铺130144家，年营业额达10.16万亿日元。从行业分布来看，日本连锁经营方式主要分布在零售业、餐饮业和服务业中，其中，零售业的营业额占全部连锁企业总营业额的61.7%。2005年，日本的伊藤洋华堂以308亿美元的零售额在全球零售业中位居第20，佳世客、大荣分别排在第22位和第42位。日本的连锁经营虽然自欧美引入，但是在发展过程中融入了本国的消费特性和民族特色，形成了自己的发展特点，其主要表现在以下几个方面。

① 自由连锁与特许连锁相结合。日本最初引入的连锁经营方式是自由连锁，但在发展过程中，传统的自由连锁受到大企业普遍希望加强经营的统一影响，便开始吸收特许连锁的某些方式。另一方面，一些特许连锁店的智慧之选者希望摆脱限制扩大经营的自由度，发展个性化经营，于是特许连锁经营开始融合自由连锁经营的某些做法，从而使日本的连锁经营出现了自由连锁与特许连锁交融的趋势。

② 特许连锁向区域性的小规模连锁店群发展。日本的特许连锁公司在扩大规模，发展特许连锁店时，不再以单个店铺或拥有不动产的个人作为发展对象，而是更多地考虑对方的资金、经营能力及在区域的影响力，把区域内一些规模较小的连锁店转变为特许店，成为特许公司扩大市场占有率的途径。以这种方式发展连锁经营，使日本的连锁经营形成了"特许连锁中有正规连锁，正规连锁中有特许连锁"的格局。

③ 区域性连锁店的发展。与欧美大型连锁企业以建立全国性乃至海内外的连锁体系的目标不同，日本的连锁企业致力于发展区域性的连锁店，把市场定位于某一个或某几个特定的区域。一方面，区域性的连锁经营比较容易做到集中化、统一化和标准化，降低管理成本；另一方面，区域性的连锁经营可以用较小的单体规模来发展，深入居民住宅区，与社区建立情感纽带。

日本的连锁零售品牌较多，除了 7-Eleven，还有服装零售品牌——优衣库、百货连锁品牌——无印良品、日本的百货零售连锁集团——永旺集团、日本新兴连锁餐饮企业——三崎惠水产等。

近年来，日本经济进入低速增长期。日本零售业进入了高度成熟时期，实体连锁零售业增长缓慢，同时无店铺销售与电子商务得到快速发展。随着互联网的发展，全球电子商务市场持续发展，日本是仅次于中国、美国、英国的第四大电子商务市场。2019 年，日本电子商务的销售额约为 1154 亿美元，同比增长 4.0%。

任务实施

步骤一：组建学习任务小组

教师根据学生的学号随机划分学习任务小组，每 5~6 人为一个学习任务小组，然后由任务小组成员自行选举小组长。

步骤二：任务分工

由小组长组织小组成员对如何完成本模块的学习任务"认识连锁零售业的演变史"进行充分讨论，制订完成该学习任务的初步计划，同时小组成员之间做好任务分工。例如，可以将该任务划分为以下两个子任务。

（1）连锁零售业的发展历史。可以先介绍零售业的发展历史，然后将连锁零售业的发展历史进行阶段划分，最后对各个阶段进行详细阐述。

（2）中西方连锁零售业的发展历史。该任务可以细分为中国连锁零售业的发展历史和西方国家连锁零售业的发展历史，其中西方国家连锁零售业的发展历史可以再细分。具体如何细分，可以根据小组成员的人数确定。

步骤三：为讲演介绍做准备

小组成员做好分工后开始搜集资料，可以从网上搜寻，或去图书馆翻书查阅，把搜集的资料整理成文档，做成 PPT 或书面报告，小组成员依次上台讲演介绍。

步骤四：评价

小组成员完成讲演任务后，可以先进行自我评价和自我分析，然后由台下的其他小组成员进行打分和评价，最后由教师进行简要点评并总结。评价内容、评价标准及各项目的分值见本书附录中的任务评价表。

任务巩固与案例分析

一、任务巩固

（1）目前中国最大的连锁零售企业是哪一家？请你查找资料，了解其发展历程。

（2）请你对比中外连锁零售企业的发展状况，概述中国连锁零售业的发展特点。

二、案例分析

中国便利店行业发展前景可观

便利店是指以满足顾客便利性需求为第一宗旨，以销售即时性商品为主的小型零售业态，是服务保障民生、促进便利消费的重要商业设施，是便民、惠民的重要零售业态。2019年，我国便利店总数突破13万家，2020年8月11日，商务部办公厅印发《关于开展便利店品牌化连锁化三年行动的通知》，指出力争到2022年，全国品牌连锁便利店总量达到30万家，政策有利于我国便利店行业的发展，与此同时，在我国信息技术快速发展的推动下，我国便利店企业积极拥抱数字化转型，便利店行业发展前景可观。

1. 中国便利店行业销售额保持高速增长

中国连锁经营协会公布的数据显示，2019年中国便利店销售额达2556亿元，同比增长13%，尽管增速有所放缓，但仍高于2019年社会消费品零售总额增长率（8%），成为实体零售行业中的一枝独秀。

2. 中国便利店数量突破13万家，石油系门店数量遥遥领先

中国连锁经营协会公布的数据显示，2019年中国便利店数量达13.2万家，同比增长9%，门店增速有所放缓。其中，石油系便利店数量遥遥领先，2019年中国便利店数量最多的连锁品牌为中石化旗下的易捷，其门店数量达2.76万家，中石油旗下的昆仑好客便利店数量仅次于易捷便利店的数量，其数量为2万家。

易捷便利店和昆仑好客便利店借助加油站网络在全国布局，主要面对有加油需求的人群。美宜佳门店数量位居全国第3，门店总数为19236家，值得注意的是，美宜佳门店主要分布在广州地区。

3. 中国领先便利店品牌即食食品占比较高，支撑门店高毛利率

中国连锁经营协会公布的调研数据显示，2019年中国便利店各品类产品的毛利率差异较大，其中即食食品的毛利率达45%，远高于其他品类的毛利率。

从不同类型的便利店商品结构来看，2019年，我国领先便利店品牌即食食品占比达60%，本土便利店品牌即食食品占比仅为10%，夫妻店基本不经营即食食品，因此，领先便利店品牌的毛利率高于行业平均水平。

4. 利用网络渠道和移动支付已成主流趋势

在电子商务的不断发展和移动支付的推动下，我国便利店逐渐引入网络零售渠道，以支持移动支付的方式以适应消费者的消费习惯。中国连锁经营协会公布的调查数据显示，近年来，引入网络零售的便利店比重快速增长，2019年有62%的便利店引入网络零售渠道，同时有89%的便利店移动支付金额比重超过30%。

5. 中国便利店企业积极进行数字化转型

近年来，随着物联网、人工智能等信息技术的快速发展，传统便利店在技术的支持下开始进行数字化转型以提高门店的运营能力和经营效率。中国连锁经营协会公布的调查数据显示，有73%的企业投资了物流配送的智能优化升级，以优化供应链管理；33%的便利店企业采用了智能视频监控系统，有15%的便利店企业开展了无人店试点。

6. 新冠肺炎疫情影响逐渐减弱，便利店营业率逐月提升

2020年，受新冠肺炎疫情的影响，便利店线下门店经营受到较大冲击，2016年上半年，全国共有1634家便利店关闭，随着新冠肺炎疫情得到有效控制，人们的生活逐步恢复，便利店开门营业率逐渐提升，至2020年5月已经完全恢复，与此同时，新开便利店数量逐渐增加，2020年上半年，全国新开便利店数量达4746家。

7. 中国便利店自有品牌占比较低

便利店企业建设自有品牌有利于提升便利店的销售业绩，打造品牌形象，推动便利店企业市场扩张。中国连锁经营协会公布的数据显示，2019年，我国便利店自有品牌占比仅为5%，远低于日本。因此，科学地加强自有品牌建设，提高自有品牌占比有利于我国本土便利店自有品牌的建设。

（案例来源：前瞻产业研究院）

通过阅读以上关于我国便利店发展情况的材料，分析其与我国连锁零售业发展的关系，并谈谈可以采取哪些措施来促进我国连锁零售企业的发展。

任务二　认识连锁经营原理

【任务分析】

茶馆在开展连锁经营的过程中，会涉及诸多连锁经营方面的专业知识，因此，认识连锁经营原理对于茶馆连锁店的经理而言十分必要。要认识连锁经营原理，就要先理解连锁经营的概念和含义，掌握连锁经营的本质、基本特征、基本类型等基础知识，然后在此基础上分析其基本原则、优势，以及具有这些优势的理论依据。

【任务目标】

知识目标	1. 认识连锁经营的概念和内涵 2. 认识连锁经营的基本特征 3. 认识连锁经营的基本类型 4. 认识连锁经营的优势 5. 认识连锁经营的发展前景和趋势
技能目标	1. 能够区分连锁经营的3种类型 2. 能够概述连锁经营3种类型各自的优点和缺点 3. 能够阐述连锁经营的优势及其理论依据
思政目标	1. 学习连锁经营专业知识，提升自己的专业技能，为将来参与社会主义现代化建设打好基础 2. 坚定理想信念，自觉遵守职业道德，遵纪守法

> 任务知识点

知识点 1　连锁经营的发展基础

1. 连锁经营的概念和内涵

连锁经营是指经营同类商品或服务的若干个门店通过一定的连接纽带，按照一定的规则组合成一个联合体。在整体规划下进行专业化分工，并在此基础上进行集中管理和标准化运作，最终使复杂的商业活动简单化，以提高经营效益，谋取规模效益的一种经营方式。

根据我国国内贸易行业标准《连锁经营术语》（SB/T 10465—2008）中的规定，连锁经营是指经营同类商品或服务，使用同一商号的若干店铺，在总部的管理下采取统一采购或特许经营等方式，实现规模效益的组织形式。

2. 连锁经营的基本特征

连锁经营具有四个基本特征，即"四个统一"，如图 2-7 所示。

连锁经营的基本特征
- 企业识别系统及经营商标统一
- 商品和服务统一
- 经营理念统一
- 经营管理统一

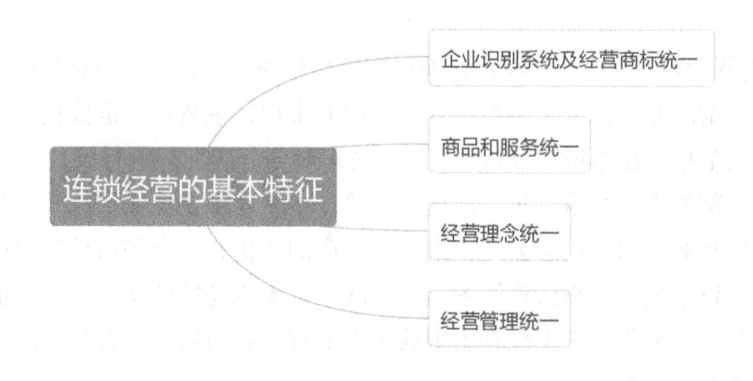

图 2-7　连锁经营的基本特征

（1）企业识别系统及经营商标统一。企业识别系统是指连锁企业给公众的直接印象，包括连锁企业的招牌、标志、商标、标准色、包装材料、员工服装、识别卡等。连锁店建立统一的企业识别系统和经营商标，有利于消费者识别，也有利于使消费者产生一种认同感。企业识别系统及经营商标统一是企业外观上的统一。

（2）商品和服务统一。连锁店经营的商品都是店主精心挑选的，是按照消费者的需求进行的商品组合，所提供的服务是经过统一规划的，是标准化服务，因此无论消费者去哪家店铺，都能够享受到连锁店提供的一致的商品和服务。商品和服务统一是连锁经营内容上的统一。

（3）经营理念统一。企业的经营理念是指企业的经营宗旨、经营哲学、价值观念等的综合，是企业确定经营方式、经营构想等经营活动的根本依据，也是一个企业的灵魂。无论连锁企业的分店规模大小都必须有统一的经营理念。经营理念统一是连锁经营思想文化上的统一。

（4）经营管理统一。连锁分店接受总店的统一管理，实施统一的经营战略、营销战略等。这是企业内部管理模式的统一，是制度层面上的统一。

综上所述，连锁分店是在上述"四个统一"的前提下，形成的专业化管理及集中规划的经营组织，利用协同效应原理，使企业加快资金周转，增强讨价还价的能力，使物流综合配套自成体系，从而取得规模效益。

3. 连锁经营的类型

连锁经营的类型在各国有不同的划分方式。根据我国行业标准《连锁经营术语》（SB/T 10465—2008）的划分，连锁经营可以分为3种类型：一是直营连锁；二是自由连锁；三是特许连锁。

（1）直营连锁。

① 直营连锁的含义。直营连锁是总公司直接投资或控股开设的，在总公司的直接控制之下，开展统一经营的连锁经营形式。直营连锁企业有大西洋和太平洋茶叶公司、屈臣氏集团。

② 直营连锁的特点。第一，经营管理权高度集中统一。直营连锁总公司与分店之间的关系属于企业内部的专业化分工关系。各分店的人事权、进货权、定价权、财务权、投资权等经营决策权都集中在连锁总公司。连锁总公司对各分店拥有所有权、经营权、监督权，各分店要按照总部的指令行事。第二，统一核算。整个连锁企业实行统一核算制度，各个连锁分店的销售利润全部交由总公司支配，各门店的工资、奖金等由总公司依据公司标准来决定。第三，资本统一。直营连锁各门店之间以资本为连接的纽带，而此资本归属于同一个所有者，归一个公司、一个联合组织或个人所有。各门店不具有独立的法人资格，这是与其他连锁类型最大的区别。

③ 直营连锁的优点和缺点。直营连锁在市场竞争中体现的主要优点是，能够通过大批量采购来大幅度降低经营成本和价格；可以统一调配资金、设备、商品及人员，有利于充分利用企业资源提高经营效率；由于各连锁分店不是独立的主体，因此其关闭、调整和新开设基本上属于公司的内部事务，受外界制约较少，连锁分店可以将主要精力用于商品管理和改善服务上。但是采用直营连锁的方式要求总公司必须具有较强的经济实力，由于各分店的自主权较小，其经营发展的积极性、主动性、创新性难以得到有效发挥。

（2）自由连锁。

① 自由连锁的含义。自由连锁是指若干个店铺或企业自愿组织起来的，在不改变各自资产所有权关系的情况下，以同一个品牌形象面对消费者，以共同进货为纽带开展的连锁经营形式。具有代表性的自由连锁企业有荷兰的SPAR等。

② 自由连锁的特点有两个。第一，各连锁店拥有独立的所有权、经营权和财务核算权。第二，总公司与各连锁店之间是协商与服务的关系。总公司负责统一进货和配送，各连锁

店在核算、盈亏、人事、经营方式和经营规模、经营策略上有很大的自主权。

③ 自由连锁的优点和缺点。自由连锁的门店独立性强，自主权大，有利于其充分发挥积极性和创造性。自由连锁的经营方式具有连锁经营的规模优势，同时能够保持独立门店的经营特色，因此，在中小企业众多的地区发展自由连锁是比较合适的。除此之外，自由连锁具有较强的灵活性和较好的发展潜力，可以逐渐发展成为独资连锁或特许连锁。自由连锁的缺点是各门店联系不紧密，凝聚力较弱；各门店独立性强，总公司难以集中统一运作；过于民主导致决策迟缓。

（3）特许连锁。

① 特许连锁的含义。特许连锁是指拥有注册商标、专利、专有技术等经营资源的企业（特许人），以合同的形势将其拥有的经营资源许可其他经营者（被特许人）使用。被特许人按照合同的约定在统一的经营模式下展开经营，并向特许人支付特许经营费用的连锁经营形式。具有代表性的特许连锁企业有肯德基、麦当劳等。

② 特许连锁有以下4个特点。第一，特许连锁的核心是特许权的转让。总公司是特许权转让方，加盟店是接受方。第二，特许连锁的总公司提供特许权许可和经营指导，加盟店要为此支付一定的费用。第三，特许连锁的总公司与其授权的特许连锁店之间的关系是平等互利的合作关系，二者之间依靠特许合同来规定彼此的权利和义务。第四，特许连锁经营的所有权是分散的，而经营权集中于总公司。

③ 特许连锁的优点和缺点。采用特许连锁经营方式的优点是，对于总公司来说，有利于突破资金和时间限制，迅速扩张规模。对于加盟店而言，既可以使用总公司的技术、品牌和商誉，又可以享受总公司全方位的服务，经营风险较小，利润稳定。另外，由于特许经营店是独立的个体，有内在的激励和发展机制，因此经营积极性、主动性较高。特许连锁经营的缺点是，在总公司与加盟店的组织关系上，特许连锁不如直营连锁明确清晰；如果总公司片面地追求品牌授权金，大量发展加盟店而缺乏有效的管理和服务能力，那么不仅会损害连锁企业的形象，而且会损害加盟者的权益，最终可能会导致整个特许连锁系统崩溃。

知识点2　连锁经营的理论体系

1. 连锁经营的基本原则

（1）连锁经营的3S原则

连锁经营有3个重要原则，即标准化（Standardization）、专业化（Specialization）和简单化（Simplification）。

① 标准化。标准化是连锁企业为了适应市场竞争的需要而制定的原则，是为了持续地生产、销售预期品质的商品而设定的既合理又理想的状态、条件，并能够反复操作的经营控制系统。连锁企业的所有工作都要按照规定的标准去做，这些标准包括以下几个方面。

第一，企业整体形象标准化。

第二，商品和服务标准化。

第三，生产、服务设施和操作工艺标准化。

第四，作业流程标准化。

第五，考核评估标准化。

② 专业化。专业化是指连锁店的运营必须在整体规划下进行专业分工，为了追求卓越，将工作特定化，以开发、创造出独具特色的技巧和系统。

③ 简单化。简单化是指尽可能地将作业流程"简化"，为了维持限定的作业，创造任何人都能轻松且快速熟悉作业的条件。连锁企业由于体系庞大，无论在财务上，还是在货源控制、具体操作流程上，都需要有一套特殊的运作系统，省去不必要的过程和手续，简化整个管理和作业程序，以达到用最少的投入获得最大的经济效益。

2. 连锁经营的优势及其理论分析

（1）规模经济理论分析。规模经济理论是经济学的基本理论之一，也是现代企业理论研究的重要范畴。规模经济理论是指在特定时期内，企业产品绝对量增加时，其单位成本下降，即扩大经营规模可以降低平均成本，从而提高利润水平。连锁经营的优势主要在于其规模效益。连锁企业的规模效益主要是通过以下两种方式实现的：一是扩大单体规模，如发展大型的百货公司、综合性的超级市场、购物中心、奥特莱斯、城市综合体等；二是扩大整体经营规模，即通过广泛布点、组合经营、分散销售来实现规模效益。其中，第二种方式的规模经营最显著的优势在于能够有效地解决规模经营与市场分散性之间的矛盾。

（2）信息经济学的不确定性理论分析。不确定性是指经济主体对状态这个不可控变量的产生与否不具备完全知识。企业对于市场不确定性事件的处理成为其获取利润的来源，连锁经营是一种有效降低市场不确定性的组织设计。采用连锁经营模式可以降低预测性生产的不确定性，通过信息收集可以促使预测性生产转为订购性生产，同时保证规模效益。另外，连锁经营将企业的作业流程制作成简要的运营手册，使整个经营流程成为一种可控的技术密集活动，从而大大降低了其内部运营的不确定性，降低了经营风险。

（3）交易费用理论分析。1937年，经济学家罗纳德·科斯在《企业的性质》一文中首次提出交易费用理论，该理论指出，企业和市场是两种可以相互替代的资源配置机制，由于存在有限理性、机会主义、不确定性与小数目条件使得市场交易费用高昂，为节约交易费用，企业作为代替市场的新型交易形式应运而生。交易费用决定了企业的存在，企业采取不同的组织方式的最终目的是节约交易费用。企业采用连锁经营的方式将采购、批发、配送、零售等传统流通体系中这些相对独立的商业职能有机地组合到一个统一的经营体系中，实现了产销一体化和批发零售一体化。这实际上是企业和市场两种调节方式在流通领域的互相替代。连锁经营将外部市场交易"内部化"，大大降低了交易费用，提高了连锁企业的效率。

（4）产权制度理论分析。由产权制度理论得出，私有企业的产权人享有剩余利润占有权,产权人有较强的激励动机去不断提高企业的效益。美国经济学家道格拉斯·诺思在《经济史中的结构与变迁》中指出,有效率的组织产生需要在制度上做出安排和确立产权,以便对人的经济活动形成一种激励效应。连锁企业是一种高效率运行的组织,采取连锁经营方式对产权进行科学安排,有利于对连锁经营主体产生激励作用。对于直营连锁模式而言,总部能够通过大批量采购来大幅度降低经营成本和价格;可以统一调配资金、设备、商品及人员,有利于充分利用企业资源,提高经营效率。对于特许连锁经营模式而言,这种制度安排有利于总店迅速扩张规模。同时,对于加盟店而言,有内在的激励和发展机制,经营积极性、主动性较高。

3. 连锁经营的发展前景和趋势

连锁经营作为一种经营模式,有着广阔的发展前景,未来的发展呈现如下几个趋势。

(1) 连锁经营的形式日益丰富,行业日益多样化。连锁经营已由早期的直营连锁发展为直营连锁、特许连锁、自愿连锁等。在连锁经营刚刚开始发展阶段,其经营模式还是比较保守且单一化的,如今越来越多的企业采取的连锁经营形式已经不局限于其中的某一种,常常既有直营连锁的连锁店,又有特许加盟的连锁店,还有自愿连锁的连锁店。而且连锁经营的发展在从零售业向餐饮业、家电、家居、建材、药店、服装,以及健身美发、印刷、医疗保健、眼镜配置、护理等服务行业拓展。尤其是在服务业中的拓展,近年来十分迅速。

(2) 连锁企业的兼并、联合、重组仍然活跃,经营规模不断扩大。随着经济的发展,连锁经营规模扩大化是必然趋势。随着我国连锁企业运营方式的成熟和社会对连锁经营规模利益认识的提高,连锁经营的模式将发生重大变化。一是实行连锁经营的零售企业越来越多,在发达国家,连锁经营一般已占零售市场份额的30%以上,美国连锁经营占零售市场份额的60%。二是连锁企业的规模不断扩大,将创建一批国产"巨无霸"式的零售企业,像上海联华等。这对提高我国流通的组织化程度、加强市场的秩序化、改变商业高度的零散性,以及使商业组织经营规范化意义重大。

(3) 连锁经营企业与电商融合发展。随着互联网的发展和网络购物的普及,网上零售已成为我国零售业发展的新趋势,通过近几年的线上布局,百强连锁店开展了家居、直播、团购等业务,网上零售成为连锁企业成长的新动力。

任务实施

步骤一:组建学习任务小组

教师根据学生的学号随机划分学习任务小组,每5~6人为一个学习任务小组,由任务小组成员自行选举小组长。

步骤二:任务分工

由小组长组织小组成员对如何完成本模块的学习任务"认识连锁经营原理"进行充分讨论,制订完成该学习任务的初步计划,同时小组成员之间做好任务分工。例如,可以将该任务划分为以下两个子任务。

（1）连锁经营的发展基础知识。主要包括连锁经营的概念、内涵，连锁经营的类型、主要特征，以及各类连锁经营模式的优点和缺点等。

（2）连锁经营的理论体系。主要对连锁经营模式的优势和涉及的经济学、管理学理论进行分析，同时对连锁经营的原则、发展趋势和前景进行简要介绍。

鉴于小组成员较多，子任务下还可以细分子任务，这样层层嵌套，后面的任务就更加详细、具体、容易操作。

步骤三：为讲演介绍做准备

小组成员做好分工后开始搜集资料，可以从网上搜寻，或去图书馆翻书查阅，把搜集的资料整理成文档，做成 PPT 或书面报告，小组成员依次上台讲演介绍。

步骤四：评价

小组成员完成讲演任务后，可以先进行自我评价和自我分析，然后由台下的其他小组成员进行打分和评价，最后由教师进行简要点评并总结。评价内容、评价标准及各项目的分值见本书附录中的任务评价表。

任务巩固与案例分析

一、任务巩固

（1）小张同学在校园旁边看到几家品牌连锁店，有全家便利店、正新鸡排、屈臣氏、肯德基等，他分不清这几家连锁店的类型，请你帮他区分，并告诉他区分连锁店类型的要点。

（2）小张又看到几家不知名的传统商店，发现这几家传统商店的生意不如连锁店的生意好，请运用所学的理论知识帮他分析一下原因。

二、案例分析

浅谈华润万家的发展历程

华润集团始于1938年的"联和行"（Liow & Co.），在深圳成立。1948年，"联和行"改名为"华润公司"，第一任董事长为钱之光先生。1983年改组成立华润（集团）有限公司。1999年12月，与外经贸部脱钩，归为中央管理。2003年，归属国务院国资委直接监管，正式成为国家骨干企业。

华润万家有限公司总部位于香港。1991年6月18日成立，"华润"蕴含"中华大地，雨露滋润"。企业所秉承的口号是平等、民主、团结、责任、互助、信任、包容，企业文化为家文化。

因为华润万家有限公司的零售性质和所跨的经营范围注定其中的工作人员的层次性特别繁杂。这就要求企业文化为平等、民主、团结、责任、互助、信任和包容。他们的价值观为诚信、尊重、服务、团队、高效、创新。

华润万家超市成立于1984年，截至2018年，华润万家有限公司员工总人数超过200000人，如今全国直营门店已经超过3100家，并以1012亿元的销售额名列中国连锁百强第3

位。目前其业务范围已经覆盖国内除黑龙江、西藏、山西、台湾、澳门之外的29个省、市、特区等242个城市。

零售板块拥有的品牌有华润万家、苏果、Olé、blt、V+、乐购express、V>nGO、Vivo采活、Pacific Coffee、中艺、华润堂等。

我们下面通过时间重点来看华润万家有限公司的零售板块,其发展大概经历了以下4个阶段。

第一个阶段:华润万家的前身和确立。1938年,华润集团的前身"联和行"在香港维多利亚湾畔悄然成立。这标志着华润万家的前身初步确立。经过10年发展壮大,1948年,"联和行"改组为"华润公司",钱之光先生成为首任董事长。又经过了10年的发展,1958年,华润万家增持中国国货公司。

1964年,华润万家与港商一起在香港开设了大华国货。这是华润万家从买洋货向国货的转变。最终到了1983年,"华润公司"改组为"华润(集团)有限公司",开始建立现代企业制度,这标志着华润万家进入了现代化发展中。

第二个阶段:华润万家的发展和布局。1984年,零售业开始发展了起来,华润万家顺应趋势,第一家华润超级市场在香港开业。随着零售业在全球的火热发展,华润万家把眼光瞄准了内地,1992年初,华润超市在深圳开设了第一家分店——爱华店,标志着其进军内地。1993年,收购沈阳雪花啤酒厂。

经过2年的摸索,在1995~1997年,华润超市成立苏州、上海、天津、北京公司,开始布局全国连锁网络。在对外扩张的时候,也不忘对组织架构进行重整,1993年6月,华润万家将大华国货和中国国货合并,更名为华润百货有限公司。

在此之后,又开始了新的布局。1994年1月,华润百货铜锣湾分店开业,同年6月,北京华润百货公司开业。并在2002年,全面收购万佳百货。同年7月,华润万佳超级市场有限公司成立。

前面的操作最终为统一公司架构奠定了基础,2003年10月,公司正式更名为华润万家有限公司,并实现公司品牌升级,正式启用"太阳花"品牌标识。

第三个阶段:内地全国市场占有额的确定。自从1998年华润万家并购深圳的万方超市开始,就已经开始布局整个国内市场了。2004年,收购苏果超市85%的股份,确立了华润万家在华东市场的领先地位。2005年,收购天津月坛超市,确立华北市场。

随后收购的慈客隆、百家缘都壮大了其在江浙一带的势力。更加具有标志性的两个收购是天津的家世界超市和西安的爱家超市,分别充实了西北、东北及中原区域的业务空白,加快了华润万家在全国布局的发展速度。从此奠定了华北和西北的势力格局。

随后其在全国各地的收购没有间断,包括收购无锡的永安超市,江西的洪客隆超市等。

第四个阶段:新时代、新零售下的探索与发展。2004年12月,华润万家旗下首家高端超市Ole'在深圳华润万象城开业。目前Ole'精品超市覆盖了北上广等26个核心城市。

在2013年,华润创业与Tesco(乐购)就整合中国零售业务、成立合资公司达成了最终协议。

2018年4月,华润万家与腾讯签署战略合作框架协议,在智慧零售领域围绕零售产业方面为大商超赋能。

随着时代的发展,很多规律正在被验证,华润万家将在某些区域的超市卖给其他的伙伴,比如天津等,这样做应该是在调整内部框架,去掉冗余的机构,为更好地适应时代变化做准备。

结语:华润万家之所以成功得益于其抓紧机遇、更新迭代、并购扩张,每个环节都把握得精准,更加得益于其内部的战略规划、组织架构和领先的企业文化。

通过阅读以上我国连锁零售品牌华润万家的发展历程案例材料,谈一谈我国连锁零售企业应如何做大、做强。

模块三　茶馆连锁建设及筹备

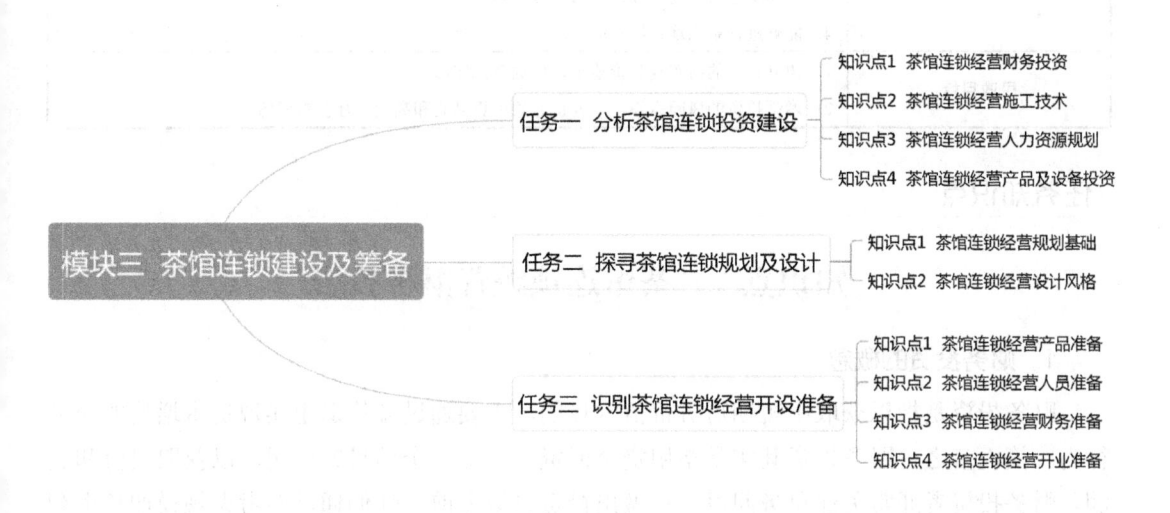

```
模块三 茶馆连锁建设及筹备
├─ 任务一　分析茶馆连锁投资建设
│   ├─ 知识点1　茶馆连锁经营财务投资
│   ├─ 知识点2　茶馆连锁经营施工技术
│   ├─ 知识点3　茶馆连锁经营人力资源规划
│   └─ 知识点4　茶馆连锁经营产品及设备投资
├─ 任务二　探寻茶馆连锁规划及设计
│   ├─ 知识点1　茶馆连锁经营规划基础
│   └─ 知识点2　茶馆连锁经营设计风格
└─ 任务三　识别茶馆连锁经营开设准备
    ├─ 知识点1　茶馆连锁经营产品准备
    ├─ 知识点2　茶馆连锁经营人员准备
    ├─ 知识点3　茶馆连锁经营财务准备
    └─ 知识点4　茶馆连锁经营开业准备
```

任务一　分析茶馆连锁投资建设

【任务分析】

　　茶馆连锁投资建设是连锁茶馆建设和筹备中的首要环节。由于创办或加盟连锁茶馆需要进行投资建设，经营连锁茶馆也需要进行投资建设，因此对于茶馆投资者和经营者而言，分析茶馆连锁投资建设才能有效地利用资金，获取最大的经济效益。

　　要完成茶馆连锁投资建设任务，就要先弄清楚连锁茶馆投资所涉及的各方面内容。茶馆连锁经营的投资活动主要包括购置各种长期资产和流动资产。一般来说，连锁茶馆的投资主要包括房产投资（或租金）、装修投资、施工技术投资、运营投资、筹资成本、筹建期间的人工成本及运营流动资金等。若从宏观上来说主要涉及资金、技术、人力、设备等四大模块。因此，在分析茶馆连锁投资建设时，可以主要从这4个方面来进行具体分析和准备。

【任务目标】

知识目标	1. 认识茶馆连锁经营财务投资的基本知识 2. 认识茶馆连锁经营施工技术的基础知识 3. 认识茶馆连锁经营人力资源规划的基础知识 4. 认识茶馆连锁经营投资的产品及设备的种类
技能目标	1. 能够制订连锁茶馆建设的资金运用计划 2. 掌握连锁茶馆经营施工技术 3. 能够制定茶馆连锁经营人力资源规划 4. 能够进行茶馆连锁经营的产品和设备投资
思政目标	1. 树立正确的财富观和价值观，自觉遵纪守法 2. 增强投资的风险意识，培养良好的思想品质和高度的社会责任感

任务知识点

知识点1　茶馆连锁经营财务投资

1. 财务投资的概念

财务投资是指以获取中短期财务价值为目的，主要通过溢价退出实现资本增值的交易行为。简而言之，财务投资其实是指用资金或资本投资一个项目或公司，以获取股份和利润。财务投资者通常关注财务回报，在做出投资决策之前，他们通常会考虑规模增长率和发展方向，即项目或公司的最大增长值。

2. 财务投资的目标和原则

（1）企业财务投资的目标。财务投资的目标是指企业在特定的投资环境中，组织投资活动所要达到的目标。企业进行财务投资的目标是多元化的，不仅要涵盖企业的长期战略目标和短期战略目标，而且要着眼于企业的可持续发展，归纳起来主要表现在以下几个重要方面。

① 收益性目标。收益性目标是指企业投资的目的是为了实现一定的利润或收益，通常以利润率、投资收益率等指标来衡量。企业进行投资的首要目标是为企业自身创造更多的价值，以实现更多的利润。

② 成长性目标。成长性目标是指从长期战略的角度出发考虑企业的成长和发展，以实现扩大规模、增加产量、提高销售额及技术装备水平的目标。企业投资的目的不仅要实现当期利润的最大化，还要实现长期利润的最大化，所以成长性目标是企业投资战略的重要目标。

③ 市场占有目标。市场占有目标是指企业占领市场、提高市场占有率的目标。衡量企业经营业绩的显著标志就是企业在同类行业中的市场占有率。

④ 技术领先目标。技术领先目标是指企业以能在某项技术上占据领先地位为目标。创

新是企业持久发展的不竭动力,是企业赢得竞争优势的有力武器。技术领先是现代企业发展的重要无形资产,它可以为企业带来超额利润,增强企业的竞争实力,同时是企业发展壮大的资本。

⑤ 产业转移目标。产业转移目标是指企业改变生产方向,从一个行业转向另一个行业。

⑥ 一体化目标。一体化目标是指企业为取得或建立有保证的销售渠道、关键技术、原材料供应基地和能源供给的目标。运用一体化投资策略是指企业通过实施控制供应链的各个关键环节,从源头上杜绝产生使生产经营活动中断的各种不利因素,从而实现企业整体价值的最大化。

⑦ 社会公益目标。社会公益目标是指企业实现社会公共效益方面的目标,如环境保护、公共交通、节约能源等。

(2) 财务投资原则。投资资金的运作需要遵循一定的原则,以便顺利实现预期的目标。企业财务投资应遵循的主要原则如下。

① 风险报酬权衡原则。风险报酬权衡原则是指在风险和报酬之间存在一个对等关系,投资人必须在报酬和风险之间权衡,为追求较高报酬而承担较大风险,或者为减少风险而接受较低的报酬。在现实的市场中只有高风险、高报酬和低风险、低报酬的投资机会,这就需要投资者权衡利弊做出选择。

② 投资分散化原则。投资分散化原则是指不要把全部财富投向单一的投资对象,而要分散投资。投资分散化原则的理论依据是投资组合理论。由马科维茨投资组合理论得出,由若干种股票组成的投资组合的收益是这些股票收益的加权平均数,但其风险要小于这些股票的加权平均风险,所以投资组合能够降低风险。投资分散化原则具有普遍意义,不仅仅适用于证券投资,公司的各项决策都应遵循此原则。不应当把企业的全部投资集中于个别项目、个别产品或个别行业,凡是有风险的事项都要贯彻投资分散化原则,以降低投资风险。

③ 理性投资原则。理性投资原则可以使企业在进行投资决策时避免受市场左右而遭受不必要的损失。理性投资原则贯穿投资决策的整个过程:首先,企业要客观分析自身对投资风险的承受能力,并制定相应的投资目标。企业对投资风险承受能力的强弱受多种因素的制约,如受企业所处的行业环境,生产产品所处的生命周期阶段等因素的影响。其次,确定投资风险组合。应在清晰地分析并确定投资目标的基础上,根据自身的风险承受能力,规划出最佳的投资风险组合。最后,确定投资项目并适时投入资金。因此,企业在进行财务投资时要认真分析各种环境条件,对多种可供选择的投资方案进行可行性分析论证,不可盲目地进行投资。

3. 茶馆连锁经营财务投资的概念

茶馆连锁经营财务投资是指用资金或资本投资连锁茶馆,用于连锁茶馆的经营,以获取股份或利润。鉴于连锁经营有3种模式,因此,进行茶馆连锁经营财务投资时也有3种模式可选择。至于选择哪种模式进行投资,需要根据自身的实际情况来确定。另外,在进行财务投资前,要先进行翔实的市场调研、市场定位,制定建设方案、营销策划方案,制订财务融资计划，以及估算材料、设备购置等成本。在进行财务投资决策过程中，最好制定多个方案进行比较和选择，对项目所需要的投资金额进行估算，这样有助于提高投资决策的科学性、合理性，有助于提高投资回报率。

4. 茶馆连锁经营财务投资预算

茶馆连锁经营财务投资预算是指为了茶馆连锁经营的投资，或为了今后更好地发展，获取更大的报酬而做出的资本支出计划。它是反映茶馆连锁经营建设资金来源与运用的总预算，是将预算的支出与收入系统、集中地反映出来，估算出投资方案的投资报酬预算。进行茶馆连锁经营财务投资预算要求对市场有准确的判断。科学、合理的投资预算有助于连锁茶馆经营者降低投资风险，控制资本支出，收获最大利益。

5. 茶馆连锁经营财务投资效益分析

（1）茶馆连锁经营财务投资效益的基本概念。投资效益是指投资活动所取得的成果与所占用、消耗的投资之间的对比关系。茶馆连锁经营财务投资效益是指茶馆连锁经营的投入与产出相比较，能否获得预期的盈利，是从投资者的角度衡量投资活动是否值得。

（2）茶馆连锁经营财务投资效益估算。投资是有风险的，茶馆连锁经营的投资也一样，因此为了以最小风险获得最大利益需要进行投资效益估算。在连锁茶馆开业之前，应对店内的硬件设备投资及所需要的资金、建设装修时间及费用、日常流动资金及其筹集方式、各种茶叶的利润和经营费用等事项进行详细的了解。只有这样，才能提高茶馆连锁经营财务投资的成功率。

在连锁茶馆筹备运营初期，基础设施、经营设施、经营物资、经营费用等需要消耗大量的资金，因此要从财务的角度认真分析、论证。

① 基础设施。连锁茶馆的基础设施包括馆舍、工作设备、环境设备等，购置时要控制预算成本。馆舍的投资包括经营场所（自建或租赁）、装修装潢、茶叶陈列架、品茶桌椅、招牌等的投入。在购置工作设备时，可以根据茶馆的经营范围选择不同的加工、制作、冲泡设备，如茶馆冲泡器具、茶艺表演器具、消毒柜、榨汁机、微波炉、续杯机等。选择投资工作设备最重要的是从工作需求和工作设备的性价比的角度来考虑，同时兼顾方便实用和契合茶馆的文化特色。环境设备包括空调、音响、灯光、植物、图片等装饰陈设。在环境设备的投资环节，要注意根据目标客户群的消费需要来确定环境风格，从声、光、色、形的搭配协调，到茶品的味、感等人体感知配合来构建舒适的茶馆精神文化消费空间，营造符合茶馆特色的氛围。在环境设备的投资方面，要注意平衡投资与回报的关系。

② 经营设施。经营设施主要包括电脑、电话、收银机等用于茶馆经营管理的设备。

③ 经营物资。经营物资主要包括与茶叶相关产品、茶食品、茶饮料、茶器具等用于经营销售、服务的商品。经营物资是成本核算的主要构成之一，在连锁茶馆投资运营初期，可以进行少量多次的物资采购，以免物资闲置浪费，保障充足的流动资金。

④ 经营费用。经营费用主要包括人事费用、设备费用、维持费用、广告宣传费用、相关

的税收等。其中，人事费用包括员工工资、加班费、福利津贴等；设备费用包括装修、经营设备折旧、租金、保险费等；维持费用包括水电费、购买消费品的费用、事务费、工杂费等。

6. **茶馆连锁经营投资资金的筹备与运用**

（1）茶馆连锁经营投资资金的筹备。茶馆连锁经营投资资金的筹备有多种方式。如果你自己有钱或家境殷实，那么可以从家人那里筹得启动资金；如果你家境不好，家里提供不了很多资金，那么可以寻找合作伙伴共同经营；除了向熟人筹资，还可以向陌生人筹资，这就是寻求风险投资，一般风险投资者在投资前会考察所投项目的可行性，这种筹资方式成功的概率较低，风险较高。除此之外，还可以向银行贷款，这是比较有保障的筹资方式。国家鼓励创新创业，贷款方面会有优惠政策，银行贷款有信用贷款、抵押贷款、保证贷款、质押贷款、票据贴现等多种方式，可以根据自身情况选择其中一种或多种方式来筹集所需要的资金。

（2）茶馆连锁经营投资资金的运用。在筹备了充足的资金以后，就要制订详细的资金运用计划。资金运用计划包括收支计划、利益分配计划、资金使用计划、资金调配计划4个方面，各部分的具体情况如下。

① 收支计划。收支计划包括对连锁茶馆的营业额和经营支出进行估算。连锁茶馆的营业额可以根据市场调查、茶馆的位置条件、经营能力与同行业的比较进行估算，也可以根据宏观经济情况和当地居民的消费支出情况、社会消费趋势情况、上年度的茶品消费者反馈信息，结合茶馆连锁营业额的增长情况进行估算。茶馆的经营支出主要包括变动费用和固定费用两部分。变动费用是依照营业额的比例来确定的，比如营业税等。固定费用包括人事费用、水电费和各项管理费等。

② 利益分配计划。茶馆的利益分配除了缴纳各项税收，可以依照有关财务规定提取公积金，作为茶馆发展预备资金，或是作为红利分配给股东。

③ 资金使用计划。资金使用计划包括连锁茶馆开店前的计划和开店后的资金使用计划。开店前，资金使用计划包括茶馆馆舍费用、装修装潢费用、设备投资费用、茶叶费用及加盟资金等。开店后，资金使用计划包括经营运转费用、茶叶周转费用、维修费用、宣传推广费用等。

④ 资金调配计划。资金调配计划包括营业前调配计划和营业后调配计划。营业前调配计划是根据营业前资金的使用需要而准备的，通过合理调配可以控制投资成本。营业后调配计划是根据连锁茶馆营业活动的实际情况，使茶馆在扣除经营费用、折旧费用等后自身合理运用的资金。

知识点2　茶馆连锁经营施工技术

茶馆连锁经营投资建设中涉及的施工技术主要包括两个方面：一是茶馆施工图设计技术；二是茶馆建设中的装修施工技术。

1. 茶馆施工图设计技术

室内设计是指建筑物内部的环境设计，是以一定的建筑空间为基础，以追求室内环境多种功能的完美结合，充分满足人们在生活、工作中的物质需求和精神需求为目标的设计活动。它主要包括 4 个方面内容：一是空间形象设计，就是对建筑所提供的内部空间进行设计处理，调整空间的尺度和比例；二是室内装修设计，主要是对空间内的墙面、地面、顶棚等界面进行设计处理；三是室内物理环境设计，主要是对室内体感气候、采暖、通风、温湿度调节等方面进行设计处理；四是室内陈设设计，主要是对室内家具、设备、装饰物、陈设艺术、照明灯具、绿化等方面的设计处理。室内设计的最终目标是创造出适宜人们活动的舒适空间。

连锁茶馆的室内设计是要根据茶馆的功能类型、风格对茶馆的空间形象、室内装修、室内物理环境、室内陈设进行设计。连锁茶馆的设计技术通过设计的施工图来体现。

在设计连锁茶馆的施工图时，需要补充施工所需要的有关平面布置、室内立面和天花板等的图纸，包括结构节点详图、细部大样图及设备管线图，编制施工说明和造价预算，具体内容如图 3-1 所示。

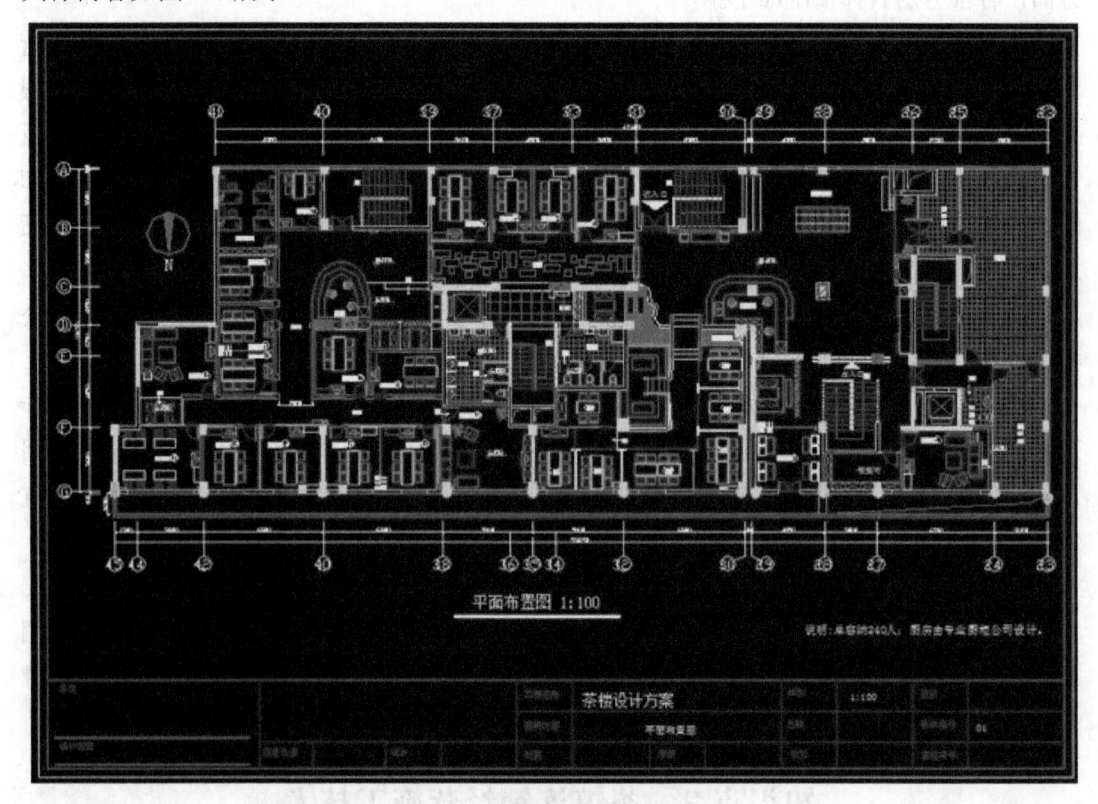

图 3-1 连锁茶馆的施工图

（1）平面图（包括家具布置）的常用比例为 1：50 或 1：100。

（2）室内立面展开图的常用比例为 1：20 或 1：50。

（3）室内立面图的常用比例为 1∶20 或 1∶50。

（4）顶棚镜面图（包括灯具、风口布置）的常用比例为 1∶50 或 1∶100。

（5）室内透视图（彩色效果）。

（6）室内装饰材料实样版面（墙纸，地毯，窗帘，室内纺织面料，墙、地面装及石材、木材等均用实样，家具、灯具、设备等用实物照片）。

（7）设计意图说明。

（8）设计概算。

连锁茶馆的设计图做好后，就可以交付施工了。在施工的过程中会涉及几种装修施工技术。

2. 茶馆建设中的装修施工技术

（1）混凝土工程施工技术。混凝土工程施工技术主要分为混凝土振捣、混凝土浇捣、混凝土裂缝处理及强度控制 4 个方面的内容。在混凝土振捣的前期阶段，需要做好对振捣标准的完善，根据建筑施工要求控制振捣频率与强度。若在振捣前出现蜂窝与麻面现象，要及时进行处理，避免影响混凝土振捣质量。在混凝土浇捣柱砼过程中，需要考虑后续阶段墙体结构的裂缝问题，对于结构密度较低的墙体施工，要采用分层浇捣方式进行施工。为进一步提高混凝土的结构强度，必要时可以采用插入式振动机进行混凝土浇捣，保证混凝土的内部结构密度。针对混凝土裂缝处理，要避免选用高压水进行墙面冲洗，首先应基于裂缝宽度及长度，选用清洁剂进行表面清洁，其次进行混凝土裂缝灌注与墙面抹平处理。由于城市里的茶馆建筑对于建筑结构具有特殊要求，结构强度的控制必要从材料选择、砂石与水泥比例控制、砼浇捣湿度控制等多个方面进行技术优化，尽可能满足连锁茶馆建筑施工需求，解决连锁茶馆建筑施工结构强度不足的问题。

（2）基槽施工技术。基槽施工的开挖深度取决于连锁茶馆建筑的设计高度及结构设计要求。通常情况下，茶馆建筑基槽挖掘深度为 2 米左右，廊基层垫层标高保持在 1~1.5 米。若茶馆实际占地面积较大，在基槽边线到建筑外轴线位置的距离应控制在 1.5 米左右。为了更好地提高结构长度，茶馆建筑施工通常需要采用基槽人工回填及机械回填两种方式，对土层结构进行夯实。实际厚度要根据茶楼建筑设计要求确定，一般情况下需要控制在 1.5~3 米。回填土料的选择可以采用精选沙砾或基层原土进行回填，如果基槽原土湿度较大，那么应该在进行二次处理后应用于回填作业中。在回填过程中需要做好土层杂质处理，对于直径较大的杂质应予剔除。中小型茶楼建筑基槽回填主要采用两侧同时回填的施工方式，部分大型或超大型茶楼基层回填可以根据施工要求采用局部区域逐次回填施工方案。

（3）模板工程施工技术。模板工程施工是茶楼施工的重要一环，也是茶馆施工主要的技术内容之一。模板工程施工主要分为梁模板施工、柱模板施工及平台模板施工 3 个部分。梁模板施工要先做好施工数据测算，根据断面尺寸及施工参数进行数据调整，保证梁模板不同位置排架搭设能形成平行稳定结构。柱模板施工要基于第一节模板位置参数进行对角线数值校对。在确保位置参数符合施工要求的前提下，可以进行柱箍固定。后续柱模板施工应以第一节模板为基础进行不同阶段的模板衔接。平台模板施工要做好各个结构的间距控制，尤其是立杆间距与对水平横杆距离的控制直接影响平台模板结构稳定性。针对存在结构问题平台模板，应采用加设斜撑的方式进行加固，以提高实际结构强度。

（4）砌筑工程施工技术。砌筑工程施工技术对于茶楼空间布局优化具有一定的影响。由于部分茶楼装饰采用塑胶与木质材料，砌筑材料的选择应根据茶楼设计功能及使用需求适当地进行调整，在充分提高茶楼结构可塑性的前提下选择符合强制认证标准的施工材料。在砌筑工程施工前，应先做好边线与中心线的数据采集，结合茶楼的施工空间布局，对砌块排列方案进行优化。在砌筑工程施工过程中，应控制砌筑材料的用量，避免对填充墙结构产生额外压力。针对填充墙梁板结构砌筑的使用，应在砌体充分沉实之后选用砖斜砌方案进行结构填实，以免梁板结构产生空隙，避免砌筑工程施工对后续阶段茶馆室内装饰施工产生阻碍。

（5）给排水系统施工技术。给排水系统施工应考虑结构美学设计，尽可能采用管壁及线路隐藏设计方案。例如，针对茶馆商用服务区排水管设计，要在墙体边线区域进行楼板掘进处理，根据排水管的直径控制掘进深度，在完成楼板掘进后对排水管进行铺设，并在下层及上层结构之间做好防水、防潮及抗腐蚀处理，避免排水管出现内外温差变化对墙体结构产生影响。对于给水设施管道施工应选用轻量化材料，并控制好给水管道的实际弯曲度，提升给水设施后续阶段维护的便捷性，以免大范围的管线开凿与挖掘对茶馆整体美观度产生影响。另外，连锁茶馆给排水系统施工应进一步避免对弯曲管道设计方案的运用，在充分突出结构美学的同时，防止产生水源倒流问题，最大限度地提升连锁茶馆的整体艺术审美效果。

综上所述，连锁茶馆建筑施工与传统住宅建筑、商业建筑施工存在本质区别。工程施工作业不仅要在前期阶段做好设计规划，同时要在施工阶段做好施工技术优化，提升连锁茶馆建筑施工的功能性、艺术性、实用性与结构安全性，充分满足连锁茶馆建筑设计与使用的多方面需求，为未来更好地推进连锁茶馆的建设发展与茶文化传播创造积极的条件。

知识点3　茶馆连锁经营人力资源规划

1. 茶馆连锁经营人力资源规划的概念

茶馆连锁经营人力资源规划是指连锁茶馆的人事部门科学地预测和分析茶馆人力资源的供给和需求情况，以确保获得各种所需的人力资源而制定的必要的人事政策和计划。根据规划时间的长短，茶馆连锁经营人力资源规划一般可以分为 3 年长期计划和年度短期计划。3 年长期计划要根据内外部环境因素及时调整和充实，年度短期计划需要详细具体，3 年长期计划可宏观抽象些。年度短期计划是指连锁茶馆根据门店的情况，编制一年内详细具体的人力资源规划。

2. 茶馆连锁经营人力资源规划的内容

茶馆连锁经营人力资源规划的内容主要包括茶馆连锁经营的战略规划、组织规划、制度规划、人员规划、费用规划等。

（1）茶馆连锁经营的战略规划是指根据连锁茶馆的总体发展战略目标，对连锁茶馆的人力资源开发和利用的方针、政策、策略的规定，是各种人力资源规划的核心，是事关全局的核心规划。

（2）茶馆连锁经营的组织规划是指对茶馆连锁经营整体框架的设计，主要包括组织信息的采集、处理和应用，组织结构图的绘制，组织调查、诊断和评价，组织设计与调整，以及组织机构的设置等。

（3）茶馆连锁经营的制度规划是连锁茶馆人力资源总规划目标实现的重要保证，包括人力资源管理制度体系建设的程序、制度化管理等。

（4）茶馆连锁经营的人员规划是对连锁茶馆的人员总量、构成、流动的整体规划，包括茶馆人力资源现状分析、茶馆定员、人员需求和供给预测、人员供需平衡等。

（5）茶馆连锁经营的费用规划是指对连锁茶馆的用工成本、人力资源费用的整体规划，包括人力资源费用的预算、核算、结算及人力资源费用控制等。

3. 茶馆连锁经营人力资源规划的制定

要制定茶馆连锁经营人力资源规划，主要要做好以下 4 个方面的工作。

（1）收集和分析相关的信息资料。相关的信息资料包括连锁茶馆的经营战略、经营目标、工作说明书、工作任务书及现有人力资源的详细资料等。

（2）预测连锁茶馆人力资源的需求情况。要对连锁茶馆的人力资源需求情况进行预测，就要对茶馆的组织结构，经营业务水平，以往的用人情况、用人趋势等进行详细分析。

（3）预测连锁茶馆人力资源的供给情况。要预测连锁茶馆人力资源的供给情况，就要先清查和分析连锁茶馆现有的人力资源情况，其次据此推断计划期内可能会流失的从业人员数量和类型，最后确定需要填补的空缺职位并引进人才。

（4）确定连锁茶馆人力资源的净需求。确定连锁茶馆人力资源的净需求是指通过分析连锁茶馆人力资源得到需求和供给后，判断连锁茶馆现有人力资源状况是属于劳动力剩余还是属于劳动力短缺。若连锁茶馆人员过剩，则可采用解聘、裁减、限制雇佣、提前退休、减少工作时间等方面改变这种状况；若连锁茶馆人员短缺，则可采用有针对性的培训，增强现有人员的工作能力和招聘新人员来解决需求问题。

知识点4　茶馆连锁经营产品及设备投资

茶馆连锁经营投资中除了财务、技术、人力,另一项需要较大资金量的是产品及设备。茶馆连锁经营中需要投资的产品及设备很多,具体如下。

1. 茶馆连锁经营的产品投资

茶馆连锁经营需要投资的产品主要是饮品和茶点。

(1) 饮品。饮品是茶馆连锁经营的主要内容,茶馆里经营的饮品除了茶饮,还有咖啡、软饮料、花草茶、奶茶等其他饮料,但这些饮料不是连锁茶馆的主营产品,茶饮才是茶馆里的主营产品。茶饮主要包括绿茶、红茶、乌龙茶、黑茶、白茶、黄茶、花茶等。

① 绿茶。绿茶是指采取茶树的新叶或芽,未经发酵,经杀青、整形、烘干等工艺而制作的饮品。绿茶是我国历史较悠久的茶类,也是品种较多、拥有消费者较多的茶类。其制成品的色泽和冲泡后的茶汤较多地保存了鲜茶叶的绿色格调,较多地保留了鲜茶叶内的天然物质。我国的绿茶主要有西湖龙井、洞庭碧螺春、黄山毛峰、信阳毛尖、庐山云雾、六安瓜片、太平猴魁等。

② 红茶。红茶属于全发酵茶,是以适宜的茶树新芽叶为原料,经萎凋、揉捻(切)、发酵、干燥等一系列工艺精制而成的茶。红茶因其干茶冲泡后的茶汤和叶底色呈红色而得名。中国的红茶品种主要有日照红茶、祁红、昭平红、霍红、滇红、越红、泉城红、苏红、川红、英红、东江楚云仙红茶等。

③ 乌龙茶。乌龙茶是经过采摘、萎凋、摇青、炒青、揉捻、烘焙等工序制出的优质茶类。乌龙茶由宋代贡茶龙团、凤饼演变而来,为中国特有的茶类,主要产于福建的闽北、闽南及广东、台湾。

④ 黑茶。黑茶因其成品茶的外观呈黑色故得名。黑茶属于六大茶类之一,属于后发酵茶,主产区为广西、四川、云南、湖北、湖南、陕西、安徽等地。传统黑茶采用的黑毛茶原料成熟度较高,是紧压茶的主要原料。黑茶按地域分布来说,主要分类为湖南黑茶(茯茶、千两茶、黑砖茶、三尖等)、湖北青砖茶、四川藏茶(边茶)、安徽古黟黑茶(安茶)、云南黑茶(普洱熟茶)、广西六堡茶及陕西黑茶(茯茶)。

⑤ 白茶。白茶属于微发酵茶,是中国茶类中的特殊珍品。因成品茶多为芽头,满披白毫,如银似雪而得名。白茶不经杀青或揉捻,是只经过晒或文火干燥后加工的茶,具有外形芽毫完整、满身披毫、毫香清鲜、汤色黄绿清澈、滋味清淡回甘的特点。白茶主要产区为福建福鼎、政和、柘荣,武汉新洲旧街、蕉城天山、松溪、建阳、云南景谷等地。白茶因茶树品种和原料要求的不同分为白毫银针、白牡丹、寿眉、贡眉4种产品。

⑥ 黄茶。黄茶是中国特产的茶叶。其按鲜叶老嫩、芽叶大小分为黄芽茶、黄小茶、黄大茶等。黄茶属于轻发酵茶类,加工工艺近似绿茶,只是在干燥过程的前面或后面增加一

道"闷黄"的工艺，促使其多酚叶绿素等物质部分氧化。

⑦ 花茶。花茶又名香片，即将植物的花、叶或果实泡制而成的茶，是中国特有的一类再加工茶。它利用茶善于吸收异味的特点，将有香味的鲜花和新茶一起闷，将香味吸收后把干花筛除而制成的花茶，香味浓郁，茶汤色深。花茶可细分为花草茶和花果茶。饮用叶或花的称之为花草茶，如荷叶、甜菊叶。饮用其果实的称之为花果茶，如无花果、柠檬、山楂、罗汉果、有花果，其气味芳香并具有养生疗效。外形条索紧结匀整，色泽黄绿；内质香气浓郁，具有明显的鲜花香气，汤色明亮，呈浅黄色，叶底细嫩、匀亮。花茶主要以绿茶、红茶或乌龙茶作为茶坯，配以能够散香的鲜花作为原料，是采用窨制工艺制作而成的茶叶。根据其所用的香花品种不同分为茉莉花茶、玉兰花茶、桂花花茶、珠兰花茶等，其中茉莉花茶产量最大。

（2）茶点。连锁茶馆里除了经营茶饮品，通常还兼营茶点。茶点主要分为中式茶点、西式茶点及和式茶点。

① 中式茶点。中式茶点包括北方茶点和南方茶点两大类。从特点上看，北方茶点在"精"，南方茶点在"博"。北方茶点由于受到宫廷御膳的影响，在外观上呈现精致的特点。北方茶点很少煎、炸，大多嫩滑，容易入口，如凉糕、豌豆黄、核桃酥、山楂糕、艾窝窝等。另外，北方茶点多为主食，如包子、饺子、烧麦等。南方茶点在手法上多采用煎、炸、烘、烤等，主要有酥皮类点心、米粉类点心、面粉类点心。点心的形式多样，还有桂花藕、糯米鸡、萝卜糕、南瓜球等。

② 西式茶点。连锁茶馆里的西式茶点主要有烤面包、蛋挞、蛋糕、饼类等。其中，面包主要有菠萝包、鸡尾包、牛肉包等，蛋挞主要有酥皮蛋挞、水果蛋挞等，蛋糕主要有香橙果茶蛋糕、红茶海绵蛋糕、奶酪蛋糕等，饼类主要有红茶松饼、法式薄饼、茶香酥饼等。

③ 和式茶点。和式茶点主要是指日本风格的茶点，主要有凝冻类、馒头类、米制类等。

2. 茶馆连锁经营的设备投资

在茶馆连锁经营投资中除了经营的产品，还有一些经营设施、经营设备、用具等。

（1）经营设施。经营设施是一个连锁茶馆的工作平台，连锁茶馆的主要经营场地可以分为前场和后场，前场是连锁茶馆的营业区，后场是连锁茶馆的生产区。前场的设施包括茶座、吧台、洗手间。后场的设施主要有厨房、开水房、仓库和更衣室等。除了主要的经营设施，连锁茶馆里还有一些附属设施，如通信设施、停车场等。不同类型的连锁茶馆，其茶馆内的设施不一样。

（2）经营设备。连锁茶馆里的经营设备可以分为前场设备、后场设备、其他设备等。前场设备包括以下几种。

① 餐桌、椅子等。用于就餐和饮茶，还可以用于下棋、打牌等。

② 餐具。用于盛放饭菜、水果、茶点、干果等。

③ 茶桌、茶具。用于泡茶和茶艺展示。茶具的种类较多，有陶质茶具、瓷质茶具、漆

器茶具、金属茶具、玻璃茶具、竹石茶具、搪瓷茶具等。其中，瓷质茶具最常见，我们使用的最多，是我国较早的高档茶具，主要包括白瓷茶具、青瓷茶具、黄瓷茶具、黑瓷茶具、青花瓷茶具等。

④ 水具。用于盛放开水。

⑤ 空调。主要用于为客人提供温度适宜的品茶环境。

⑥ 烘干机。放在卫生间里供客人干手用。

⑦ 音响。用于播放舒缓的音乐。

⑧ 陈列架。也叫博古架，用于陈列一些装饰品或待售物品。

后场设备包括以下几种。

① 清洁设备。包括洗碗池、消毒柜、洗碗机等。

② 食物储藏设备。包括冰箱、小型冷库等。

③ 切配用具。包括砧板、菜刀配菜盘等。

④ 电磁炉。可以用于烹调菜肴，也可以拿到前场使用。

⑤ 开水炉。专门用来烧开水，供泡茶用。

⑥ 电饭锅。用于煮饭、蒸制一些简单的点心。

⑦ 烤箱。用于烤点心、菜肴。

⑧ 燃气灶。可以用来烹调菜肴。

⑨ 镜子。放在更衣室里，供工作人员整衣正冠。

⑩ 衣柜。供工作人员更换衣物使用。

其他设备包括电话、网络、电视、电脑等。

任务实施

步骤一：组建学习任务小组

教师根据学生的学号随机划分学习任务小组，每5~6人为一个学习任务小组，由任务小组成员自行选举小组长。

步骤二：任务分工

由小组长组织小组成员对如何完成本模块的学习任务"分析茶馆连锁投资建设"进行充分讨论，制订完成该学习任务的初步计划，同时小组成员之间做好任务分工。例如，可以将该学习任务分为以下4个子任务。

（1）茶馆连锁经营财务投资。介绍财务投资的概念、目标、原则，以及茶馆连锁经营财务投资的概念、预算、效益分析，财务投资资金的筹集和运用等。

（2）茶馆连锁经营施工技术。介绍施工图设计的基础知识和具体的装修施工技术等。

（3）茶馆连锁经营人力资源规划。介绍茶馆人力资源规划的概念、内容及如何制定人力资源规划等。

（4）茶馆连锁经营产品及设备投资。介绍茶馆连锁经营需要投资的产品和设备的种类，尽量详细地罗列。

步骤三：为讲演介绍做准备

小组成员做好分工后开始搜集资料，可以从网上搜寻，或去图书馆翻书查阅，或实地探访茶馆，对茶馆经营者进行访谈，把搜集的资料整理成文档，做成PPT或书面报告，由小组成员依次上台讲演介绍。

步骤四：评价

小组成员完成讲演任务后，可以先进行自我评价和自我分析，然后由台下的其他小组成员进行打分和评价，最后由教师进行简要点评并总结。评价内容、评价标准及各项目的分值见本书附录中的任务评价表。

任务巩固与案例分析

一、任务巩固

（1）假设你现在手中有10万元资金，你准备投资一个连锁茶馆，请问资金是否足够？如果不够，请问你该如何筹集？

（2）假设你要投资加盟一个中式连锁茶馆，请问你准备投资哪些经营产品和设备？

二、案例分析

李梅是某市一名茶厂的女工，她离职后自己创办了一家小茶馆，聘用了两名员工。由于李梅熟悉茶叶产品，进货渠道好，茶馆开业后生意一直不错，加之她人缘好，茶品价格合理，茶叶、茶水销售均不错，一年下来，茶馆在当地小有名气，来洽谈合作的人不少，此时李梅认为是发展的好时机，于是迅速将茶馆扩展了5~6个连锁店，茶馆规模迅速扩大，员工一下子增加到了五六十人。李梅成立了董事会并自任董事长，设立了财务部、统计部、生产部、办公室、采购部、仓储部等部门，仅仅办公室就有4名员工。然而扩张后茶馆经营状况并不理想，每月的营业额不算少，但是仍然面临亏损的局面，眼看茶馆因多处经营欠下房屋租金而面临被迫关闭的窘况。此时，李梅找到了在会计师事务所任职的好友芳芳来为茶馆做财务核账。芳芳发现该企业出现问题的重要原因是缺乏财务投资风险分析，盲目扩张，从而导致成本失控。同时，她还发现该茶馆的财务票据虽然非常详细、规范但是纷繁、复杂，找不出几个有用的数据，如在销售品类众多的产品中不能看出哪些是优势产品和服务。更重要的是，收支计算缺少财务概念，成本划分不清，利润核算不准确。例如，没有将员工的加班费计入成本，没有将场地租金计入成本等造成虚盈实亏，做得越大亏得越多。后来李梅在芳芳的帮助下，经过认真分析核算后撤并了超出市场容量的经营网点，合并不必要的机构，裁撤多余的员工，缩减不必要的投资，适度调整经营规模，完善财务经营管理，有效降低了经营成本，提高了资金使用效率，扭转了长期经营亏损的状况。

（案例来源：吕有才.茶馆经营与设计[M].北京：世界图书出版公司，2014：187.）

阅读完以上的案例，关于茶馆连锁经营投资建设，你有何启发？

任务二　探寻茶馆连锁规划及设计

【任务分析】

茶馆连锁经营建设及筹备前的另一项重要任务是进行连锁茶馆的规划与设计。探寻茶馆连锁规划及设计是连锁茶馆经营者应掌握的必要技能。只有熟悉茶馆连锁规划及设计，茶馆连锁投资建设才有方向，茶馆的功能才能得到充分展现，茶馆的定位、选址才能恰如其分。要完成茶馆连锁规划及设计的任务，可以将其拆解为两个子任务，即从以下两个方面入手：一是从宏观上进行规划，主要包括连锁茶馆的定位规划、功能规划、选址规划等基础知识；二是从微观上进行设计，在连锁茶馆规划的基础上选定设计风格。

【任务目标】

知识目标	1. 了解连锁茶馆规划方面的基础知识 2. 了解连锁茶馆的五大设计风格特点 3. 了解茶馆的主要功能 4. 了解茶馆选址在不同地段的优点和缺点
技能目标	1. 能够根据实际情况，进行连锁茶馆的定位规划 2. 能够根据实际情况，进行连锁茶馆的功能规划 3. 能够根据实际情况，进行连锁茶馆的选址规划 4. 能够掌握不同风格的连锁茶馆的特点并进行简单设计
思政目标	1. 从中国传统文化中汲取规划和设计灵感，传承工匠精神，坚定文化自信 2. 提升审美和人文素养，以社会主义核心价值观为引领，树立正确的艺术观和设计观

任务知识点

知识点1　茶馆连锁经营规划基础

茶馆连锁经营规划的基础知识包括茶馆连锁经营的定位规划、功能规划、选址规划等。对连锁茶馆进行规划是茶馆连锁经营的基础和前提。

1. 茶馆连锁经营的定位规划

定位又称市场定位，是指企业针对潜在客户的心理进行营销设计，创立产品、品牌或企业在目标客户心目中的某种形象或特征，保留深刻的印象和独特的位置，从而取得竞争优势。

茶馆的定位是根据茶馆市场的整体发展情况，针对客户对茶馆的认识、理解、兴趣和偏好，确立具有鲜明特征的茶馆形象，以区别于其他经营者，从而使自己的茶馆在市场竞争中处于有利的位置。茶馆定位的内容主要包括茶馆的类型和档次、茶馆的布局及装饰风格、茶馆的形式及服务的内容、茶馆的经营特色、吸引顾客的主要手段等。

在创办连锁茶馆之前，要对连锁茶馆进行定位规划，具体步骤如下。

（1）确定连锁茶馆的市场范围，进行客户分析。要明确自己创办的茶馆的影响范围，明确该区域范围内有哪些客户，根据这些客户群体的消费特点和消费习惯来分类和分析。

（2）确定连锁茶馆的目标客户及其选择茶馆的标准。市场上的客户各种各样，每个客户的需求不一样，通过对这些客户进行分析，将其确定为未来茶馆的重点客户类型，了解他们的喜好、消费特点、选择茶馆的标准等，可以为将来创办茶馆时确定茶馆类型、风格、档次、服务项目等提供参考。

（3）与其他连锁茶馆进行对比分析。对同行业、同类型的茶馆进行分析，了解其经营的优点和缺点，这样有利于在自己开办茶馆时扬长避短，少走弯路。

（4）树立自己的品牌特色。在广泛收集与连锁茶馆相关的信息的基础上，根据对目标客户及竞争对手的分析，结合个人偏好，为自己的连锁茶馆树立特色，并努力打造品牌。

2. 茶馆连锁经营的功能规划

茶馆主要有以下六大功能，在创办连锁茶馆时，可以根据自身情况，选择以某一种功能为主，打造特色品牌，也可以选择兼备多种功能，使茶馆具有多功能性。

（1）餐饮功能。餐饮功能是茶馆所具有的最基础的功能，自茶馆诞生时起该功能就存在了。茶馆除了提供茶水，还卖小吃或兼营餐厅，方便客户在此进行餐饮。定位为餐饮功能的茶馆，主要是茶餐厅。

（2）休闲娱乐功能。在现代社会，尤其是在大城市里，生活节奏日益加快，忙碌之余人们要去休闲娱乐，其中茶馆便是一个好去处。在茶馆里，人们可以感受到那种安静、轻松、悠闲的气氛，一边喝茶品茗，一边赏美景、看字画，身心可以得到充分的放松。茶馆里还可以设置棋牌游戏、曲艺表演等，方便客户放松娱乐。

（3）社交功能。茶馆具有良好的社会功能，其主要体现在以下几个方面：一是可以以茶会友。平常朋友聚会、择偶相亲或情侣约会，都可以选择在茶馆里进行；二是茶馆里方便交易合作、商务洽谈；三是可以为同行人们或有共同兴趣爱好的人们提供切磋交流的场所。若连锁茶馆的定位侧重社交功能，则可以设置一些主题，使之成为主题茶馆，如收藏类、体育类、艺术类等主题茶馆，这样能够将有这些兴趣爱好的人们聚集在一起，方便大家沟通交流。

（4）信息传播交流功能。来茶馆喝茶的大多数的人学识、经历都不同，拥有的信息、资源也不同，大家来到茶馆里交流沟通，包括谈论国家大事、家长里短、工作上的事务、八卦新闻等，在交流沟通之中信息就传播开了。一般的茶馆都具有此功能。

（5）审美功能。茶馆可以营造出文化氛围，能够满足人们的审美需求。茶馆所提供的审美对象是多层面的，有环境之美、建筑之美、格调之美、香茗之美、壶具之美、茶艺之美等。定位侧重审美功能的茶馆要注意茶馆内的环境设计和氛围营造，打造出自己独特的风格特色。

（6）文化教育功能。茶馆的文化教育功能主要体现在3个方面：一是茶客在饮茶的过程中可以学习到一些茶叶、品茶、茶艺等方面的知识；二是茶客在饮茶时心灵在茶事活动中得到熏陶，人的思想、品德、情感、志趣、学识和性格等方面会得到净化和提升；三是有些茶馆会举办一些茶文化专题讲座、开办各类茶艺培训班、整理出版各类茶文化方面的报刊资料、筹办书画艺术展等，这些讲座有利于对茶客进行文化教育。定位侧重文化教育功能的茶馆应多举办一些茶文化专题讲座、茶艺主题培训，以增加对客户的吸引力。

3. 茶馆连锁经营的选址规划

创办连锁茶馆时，在市场定位和功能定位后，就要进行选址规划了。茶馆的位置对于茶馆连锁经营的成败有着极大的影响。因此，谨慎地进行连锁茶馆的选址十分重要。根据连锁经营企业选址的便民化原则，一般而言，连锁茶馆应开设在交通便利、人流密集的办公区、商业区、住宅区、风景区及交通枢纽地段。不同的地段各有其优势和劣势。

（1）办公区。其客户主要以附近写字楼的白领、商务人士为主，他们对茶馆的环境、设施和服务档次有较高的要求。在此处开设连锁茶馆要求消费档次高，需要投入的资金多。此外，需要针对顾客群体的特点完善配套服务设施，如提供无线上网、打印、投影，甚至小型会议空间等服务。

（2）商业区。商业区的交通便利，客流量大，如果茶馆开设在商业区，就可以享受到商业区完善的附属设施，如停车场、物业等。但是投资建设在此处的茶馆需要有雄厚的资金实力，并且需要搭配完善、精湛的服务和设施。另外，茶馆风格在与所在商业环境协调的同时，要保持自己的特色。

（3）住宅区。随着人们生活质量的提高，茶馆这种提供休闲服务的场所越来越受到老百姓的欢迎。将安静雅致的茶馆开设在居民区，经营起来相对简单，每天都有稳定且充足的客源是一大优势。一般中小型且有特色的连锁茶馆比较受欢迎。

（4）风景名胜区。在风景名胜区开设连锁茶馆，此类茶馆的消费对象主要是旅游观光的游客。此类茶馆的客户数量深受旅游景区的客流量的影响，具有季节性，旅游旺季客流量大,旅游淡季客流量小。

(5)交通枢纽地段。交通枢纽地段的人流量大但不固定,在此处开设连锁茶馆主要是为客户提供便利和短暂的休息场所。这要求投资者和经营者要准确分析客户群体,合理规划茶馆的消费价格。

知识点2　茶馆连锁经营设计风格

连锁茶馆的投资者和经营者在确定好茶馆的定位、功能、选址后,即可考虑选择何种设计风格。茶馆的设计风格一定要与茶馆的功能定位相符。当代连锁茶馆类型丰富,种类多样,若按设计风格来分,则可以分为传统式连锁茶馆、现代式连锁茶馆、乡土式连锁茶馆、异国风情式连锁茶馆、综合式连锁茶馆等。

1. 传统式连锁茶馆

传统式连锁茶馆是通过仿照中国传统的建筑形式,仿照传统茶馆的内部装饰在风格、氛围、环境等方面营造的具有传统意蕴的茶馆。传统式连锁茶馆的类型主要包括宫廷式、厅堂式、书斋式、园林式等。传统式连锁茶馆在环境的整体风格上应追求符合中华文化的精髓,另外要注意充分发挥我国的民族特色。在设计时,应注意多在装饰风格、室内特色、家具与餐具、灯饰与工艺品、员工服装等方面围绕传统文化和民族特色进行创意设计和构思。例如,杭州青藤茶馆(见图3-2)等。

图3-2　杭州青藤茶馆

2. 现代式连锁茶馆

现代式连锁茶馆（见图3-3）多运用丰富的色彩、多变的空间、新颖的材料、简单的线条、别致的摆设来体现时尚元素，营造轻松、愉悦的氛围。此类茶馆多以年轻人为目标客户群。在选择装饰材质的时候，可以大量采用玻璃材质、金属材质、抛光石材和亚光合成板，因为这些材质具有强烈的时代特征。茶馆的顶棚可以采用比较简洁的造型，结合反射光槽或透光织物进行设计，以增强空间氛围和情调。墙面装饰以带镜框的小型字画为主，可以配上精美的工艺品等。

图3-3 现代式连锁茶馆

3. 乡土式连锁茶馆

乡土式连锁茶馆注重营造浓郁的乡土气息，使人在品茗之余重温民风、民俗。乡土式连锁茶馆布置简单朴素，家具多为竹、木、藤制品，通常还用篱笆、水车、石磨、水桶、水车等带有地方乡土风情的日常用品装饰。

4. 异国风情式连锁茶馆

异国风情式连锁茶馆在装饰风格上注重体现他国的建筑特点和文化元素，如欧式风格的茶馆追求高雅、富贵、浪漫的氛围，室内配置古典的弯腿式家具，饰以华丽的吊灯、富丽的窗帘帷幔和繁杂的花饰；日式茶馆装修以深色调为主，一般以榻榻米铺地，以屏风、竹帘、矮墙进行象征性的间隔，装饰有推拉门，配有原木的矮桌和舒适的坐垫，隐溪茶馆（上海中山公园店）如图3-4所示，包间内顶悬纸灯笼，茶馆内放置一些插花等。

图 3-4　隐溪茶馆（上海中山公园店）

5. 综合式连锁茶馆

综合式连锁茶馆融合了多种不同风格，以营造别样的风味。其中，最主要的是古典与现代的融合式风格。这类风格以古代装饰为主，同时融合多种现代元素，东西合璧，颇受欢迎，隐溪茶馆（上海银城路店）如图 3-5 所示。

图 3-5　隐溪茶馆（上海银城路店）

任务实施

步骤一：组建学习任务小组

教师根据学生的学号随机划分学习任务小组，每5~6人为一个学习任务小组，由任务小组成员自行选举小组长。

步骤二：任务分工

由小组长组织小组成员对如何完成本模块的学习任务"探寻茶馆连锁规划及设计"进行充分讨论，制订完成该学习任务的初步计划，同时小组成员之间做好任务分工。例如，可以将该学习任务分为以下两个子任务。

（1）茶馆连锁经营规划。这个子任务可以划分为茶馆连锁经营的定位规划、功能规划、选址规划等，由不同的小组成员详细介绍。

（2）茶馆连锁经营设计。主要介绍茶馆连锁经营的几种设计风格，详细阐述各类设计风格的特点，以及如何设计布置等。

步骤三：为讲演介绍做准备

小组成员做好分工后开始搜集资料，可以从网上搜寻，或去图书馆翻书查阅，或实地探访茶馆，对茶馆经营者进行访谈，把搜集的资料整理成文档，做成PPT或书面报告，由小组成员依次上台讲演介绍。

步骤四：评价

小组成员完成讲演任务后，可以先进行自我评价和自我分析，然后由台下的其他小组成员进行打分和评价，最后由教师进行简要点评并总结。评价内容、评价标准及各项目的分值见本书附录中的任务评价表。

任务巩固与案例分析

一、任务巩固

（1）小王手中有20万元的启动资金，准备加盟投资一家连锁茶馆，请问他应如何选址？请你为他规划一下。

（2）假设你要投资筹建一个中式风格的连锁茶馆，请问应如何设计？

二、案例分析

年轻人喜爱的中式茶饮品牌和茶馆

在过往的茶饮行业中，大多数以喜茶为代表的新茶饮品牌在奶茶、水果茶的形式上进行创新，中式纯茶多作为茶底，存在感不强。近几年，当奶茶市场趋于饱和时，中式纯茶似乎迎来了风口，在行业中涌现了一批新中式纯茶品牌。

中国茶品类丰富，很多茶叶风味独特，值得深度挖掘。以前年轻人认为纯茶口味苦涩，且纯茶相比奶茶略显老气。但随着文化自信的不断建立，加之一些纯茶品牌在设计风格、门店场景特色等方面不断创新，"中式纯茶+社交空间"日渐成为一种细分的茶饮业态，"去茶馆喝茶"成了年轻人新的生活方式之一。

热门的中式纯茶品牌和茶馆主要有以下3个特点。

第一，中式纯茶品牌在纯茶产品、喝茶方式、门店空间设计上都有创新。在产品方面，有的品牌创新了茶酒及冰饮喝法。在店铺空间上，中式茶在一贯采用的传统中式风格的基础上加入了当代设计，增添了绿植等元素，让空间、产品体验感与年轻人的喜好更贴近。

第二，茶馆的功能更加多元化。不同于以前单纯的聚会，现在通过特色场景形成打卡效应，洞穴包间、水景、烟雾等卖点吸引年轻人前往，产生社交功能。

第三，茶文化与零售、餐饮、文创等其他业态实现融合，使得该品类变得更丰富，与年轻人产生了更多维度的交集。

有设计感、开创新方式的新中式纯茶品牌

与以往常见的 TWG Tea、Twining 等国际纯茶品牌的风格不同，中式纯茶品牌加入了当代设计风格，其中，tea'stone、去茶山是比较典型的代表。

tea'stone

tea'stone 成立于 2018 年，以销售纯茶饮品为主，从 tea'stone 的小程序上我们看到该品牌提供茶叶、茶器、茶礼等产品，茶叶的品类繁多，包括绿茶、黄茶、白茶、乌龙茶、红茶、黑茶、花草茶等。该品牌以纯茶文化新零售品牌为核心定位，已完成数千万元的天使轮融资，由同创伟业独家投资。目前在深圳开了 4 家直营店，单店面积为 200~400 平方米。tea'stone 门店将中式等元素融入空间设计，每家店都少不了繁茂的绿植。2020 年新开的 tea'stone 深圳万象天地店在现代美学风格上加入中国传统文化元素，店内呈现出盛唐时期的建筑特点，利用店外的开放式平台空间和绿植，打造了一个隐匿在闹市中的花园式茶馆。

去茶山

创立于 2000 年的贵阳茶饮品牌宜北町，以"喝到传统中国茶"为品牌定位。2019 年创立了升级品牌去茶山。

在产品上，去茶山在原叶茶的基础上进行了创新，比如，其在开设重庆店和成都店时，品牌打造了以"茶酒"为主的产品，原叶茶衍生出了贵阳冰茶、魔力白桃等酒精版茶饮。

去茶山的门店风格主要展现了原始的茶文化，给人沉静之感，店内多运用木材、铁艺、竹器、天然石材，并以采摘、制作、储藏茶叶的工具与器物装饰空间。另一种是茶、酒风格相融合的风格设计，在酒吧设计中加入日式园林的自然韵味，是茶馆也是 bar。

"多场景"特色茶馆正在流行

喝中式纯茶正在走俏。以前的茶馆多为典雅、沉静的设计风格，如今茶馆的风格更加多元化。把以前较开放的大区域空间规划成更多私密性较高的小空间，以及加入庭院、水景等场景特色，满足了年轻人爱拍照、打卡的行为特点。

除了上文提到的品牌，我国还有一些拥有特色风格的茶馆。比如庭欢茶叙（上海）是由室内设计师沈敏良开设的茶馆，它以"世外桃源般的庭院池塘"闻名；听云台·茗茶空间（上海）在听云台国粹文化中心内模拟古代琴房而建的榻榻米式包间配上烟雾缭绕的氛围；半盏茶室（上海）是用茅草屋、纱帘、古琴等古朴元素装点的中式茶馆；在TEA-Z·新派茶室（深圳），"手工编织的竹编艺术装置"让这家店成了热门打卡点；凤凰茶馆（深圳）以古代文人的书房为蓝本，俨然是一座小型"博物馆"。

随着中国文化逐渐渗透到年轻人的生活中，有不少业态与茶文化形成了跨界业态。比如，茶道学习、书店、茶具、素食，也有国际知名品牌开设茶室空间，使得茶文化流淌在多样化的业态中，从而延展出特别的文化韵味。

阅读完以上案例资料，关于连锁茶馆的规划和设计，你有何启发？

任务三 识别茶馆连锁经营开设准备

【任务分析】

连锁茶馆开设前需要做许多准备工作，其中包括产品准备、人员准备、财务准备、开业准备等。只有明确了茶馆连锁经营开设准备工作，茶馆管理者和服务人员才能明确各自的工作职责，把茶馆连锁经营开设前的各项细分工作做好，这样在开设茶馆时才能顺利，开设后才能良好地运转。

【任务目标】

知识目标	1. 了解茶馆连锁经营开设前需要准备的产品种类 2. 了解茶馆连锁经营开设前需要准备的人员情况 3. 了解茶馆连锁经营开设前需要做的财务方面的工作 4. 了解茶馆连锁经营开业活动的基础知识
技能目标	1. 能够分辨茶馆连锁经营的主要茶叶品种 2. 能够通过招聘网站招聘所需要的茶馆工作人员 3. 能够做好茶馆连锁经营的财务资金预算和筹集工作 4. 能够进行连锁茶馆的开业活动宣传
思政目标	1. 学习茶叶文化知识，提升人文素养和思想道德素养 2. 坚持以人为本，树立正确的人才观，培养爱岗敬业、乐于奉献的思想品质

任务知识点

知识点 1 茶馆连锁经营产品准备

连锁茶馆的产品主要是饮品和茶点。因此，茶馆连锁经营产品准备主要是指准备好营业用的饮品和茶点。

1. 饮品

饮品是茶馆连锁经营的主要产品，现在茶馆里经营的饮品除了茶饮，还有咖啡、软饮料、奶茶等其他饮料。

（1）绿茶，如西湖龙井（见图3-6）、洞庭碧螺春、黄山毛峰、信阳毛尖、庐山云雾、六安瓜片、蒙顶甘露、太平猴魁等。

图 3-6 西湖龙井

（2）红茶，如祁门红茶（见图3-7）、日照红茶、昭平红、霍红、滇红、越红、泉城红、苏红、川红、英红、东江楚云仙红茶等。

图 3-7 祁门红茶

（3）乌龙茶，如铁观音（见图 3-8）、黄金桂、大红袍、冻顶乌龙、东方美人、凤凰单枞等。

图 3-8　铁观音

（4）黑茶，如普洱茶（见图 3-9）等。

图 3-9　普洱茶

（5）白茶，如白毫银针、白牡丹、寿眉、贡眉等。

（6）黄茶，如君山银针等。

（7）花茶。花茶包括花草茶和花果茶，如茉莉花茶、玉兰花茶、桂花花茶、珠兰花茶等。

（8）紧压茶类，如沱茶、普洱砖茶等。

（9）保健茶类，如贡菊、苦丁、玫瑰花蕾、莲心等。

（10）咖啡。咖啡主要有速溶咖啡和现磨咖啡（见图 3-10），如果用现磨咖啡，那么就需要准备咖啡豆。

（11）软饮料。软饮料主要是一些食品企业生产的非酒精液体饮料，如含茶饮料、果汁饮料、功能饮料、含乳饮料、碳酸饮料、饮用水等。

（12）奶茶，如珍珠奶茶（见图 3-11）、香蕉奶茶、玫瑰奶茶等。

图 3-10 现磨咖啡

图 3-11 珍珠奶茶

2. 茶点

连锁茶馆里除了经营茶饮品，通常还兼营茶点。茶点主要分为中式茶点、西式茶点及和式茶点等几类。

（1）中式茶点，如凉糕（见图3-12）、豌豆黄、核桃酥、山楂糕、艾窝窝、酥皮类点心、米粉类点心、面粉类点心、桂花藕、糯米鸡、萝卜糕、南瓜球等。

图 3-12 凉糕

（2）西式茶点，如烤面包、蛋挞（见图3-13）、蛋糕、饼类、酥皮蛋挞、水果蛋挞等，蛋糕主要有香橙果茶蛋糕、红茶海绵蛋糕、奶酪蛋糕、红茶松饼、法式薄饼、茶香酥饼等。

图3-13 蛋挞

（3）和式茶点（见图3-14），如凝冻类、馒头类、米制类等。

图3-14 和式茶点

知识点2 茶馆连锁经营人员准备

在连锁茶馆开设前，除了准备好需要经营的产品，还要选好人员。茶馆连锁经营需要准备的人员有茶馆经理、财务人员、茶艺师、迎宾员、茶餐点厨师、服务员、采购员、仓库管理员、清洁工、设备维修工等。具体的人员数量和岗位要根据茶馆的功能类型、经营情况来定。

如果准备的人员不足，那么可以通过招聘的方式补足人员。招聘有如下几种方式：一是直接去各地的农业茶叶学校进行招聘，招聘刚毕业的学生，他们年轻、学习能力强，有一定的专业技术基础，非常适合茶馆里的服务工作；二是从社会上招聘，通过在智联招聘、前途无忧、BOSS直聘等招聘网站上发布招聘公告，通过这种方式招聘的人员要进行一段时间的业务培训；三是从其他茶馆挖掘一些有工作经验和技能熟练的人员。

在茶馆开张前，招聘工作要与茶馆的装修工作同时进行。这样等茶馆装修得差不多了，服务人员的招聘和培训就基本完成了。

知识点3　茶馆连锁经营财务准备

茶馆连锁经营财务方面需要做的准备工作主要有以下3个方面：一是做好资金的预算与筹集工作；二是招聘财务人员，组建财务部门；三是建立财务管理制度。

1. 资金的预算与筹集

（1）财务资金的预算。在开设连锁茶馆前，一项非常重要的工作是进行财务资金预算。资金预算要根据茶馆的经营规模、定位、规划等各项费用来确定。首先要考虑初期的规划费用，其是主要用于会计核算、法律事务及前期市场开发的费用。其次要考虑茶馆的装修设计和设备购置费用，其用于建造或租赁房屋、装修装饰，购置和安装必要的水电、桌椅、茶具等，采购首批茶叶、茶水等。再次是要考虑茶馆经营的税收费，其是用于政府部门及社会各方面的摊派费用。最后是雇佣员工及管理中产生的其他费用。做资金预算，尽量留余地，以防后期运营中出现突发事件急需资金时不好周转。

（2）财务资金的筹集。连锁茶馆的投资建设或加盟需要一定的资金，如果自己投资或经营的茶馆规模较大、地理位置靠近市中心商业区，加上当地经济消费水平较高，那么开设茶馆前期需要准备的资金量较大。启动资金充足还好，如果启动资金不够，前期一定要进行资金筹集，做好充足准备，以免后期运营时因资金紧张而陷入困境。关于资金的筹集方式，可以通过寻找合伙人、风险投资人等方式筹集，也可以通过信用贷款、抵押贷款等筹集。不同的筹集方式风险和成本不同，需要权衡后根据实际情况来选择。

2. 招聘财务人员，组建财务部门

在开设连锁茶馆前，在财务准备中的一项重要工作是招聘财务人员，组建财务部门。财务人员的数量和财务部门的设置要依据经营规模来确定。

（1）连锁茶馆总部的财务部门设置。如果是连锁茶馆的总部，由于经营服务的项目较多，销售茶叶品种繁杂，营业收入来源多，管理范围广，企业规模较大，因此按职能分工在财务部门下可以设置不同的组，如资金组、总账会计组、成本控制组、采购组等。

总账会计组负责账务处理、预算制定、财务报告、审计、税务等工作。在保证企业正常运营的同时，为企业管理层提供准确可靠的财务数据信息，为企业管理者的决策管理提供保障和依据。及时核算与监督连锁茶馆的财务状况、经营活动、经营成果和利润，为总经理及董事会提供准确可靠的会计信息。监控茶馆的运营方针，加强财务分析，考核分店各项指标的执行情况，总结经验、发现问题、促进管理。

资金组主要负责茶馆企业账户资金的管理，包括与营业款收入有关的收银、出纳活动，与日常运营有关的资金支出活动，茶馆企业的融资和投资活动等。对于连锁茶馆而言，由于分店经营地点多，资金组下可以设置单独的收银和出纳小组。

成本控制组主要负责各项经营成本的核算和控制、库存商品和物资的管理，包括进货成本的核算、成本预算完成情况的监督、制定成本节约的措施、库存商品结构的优化等。

采购组主要负责茶馆所需物资的及时采购、开拓优势货源供应、降低采购成本、保障采购质量。

连锁茶馆总部的财务部门可以设立财务总监、财务经理、财务主管、会计、出纳、收银员等岗位，每个职级可以有一人或多人，具体根据实际情况来确定。

（2）连锁茶馆分店财务部门的设置。由于连锁经营的茶馆实行总部统一核算，分级管理，票流、物流分开，资金统一调配使用的制度，所以加盟店或分店的财务人员不需要很多，有收银、会计、出纳、主管等3~5人即可。如果分店与总部在同一区域，可以由总部统一办理纳税登记，就地缴纳各种税款；如果分店与总部在不同的区域，那么可以由分店自行向当地税务机关办理纳税登记，就地缴纳各种税款。各分店要定期向总部汇报该店的经营情况、财务状况及各项制度的执行情况。

3. 建立财务管理制度

财务管理制度是茶馆连锁经营财务部门管理的依据，应根据茶馆的实际情况建立科学合理的财务管理制度。一般财务管理制度包括总则、资金管理、应收款项的管理、存货管理、长期投资、固定资产、信贷管理、资本及资本金管理、税务、费用管理、财务分析及控制、对分店的财务控制措施等内容。连锁茶馆应根据实际情况建立符合茶馆企业自身特点的财务管理制度。

知识点4　茶馆连锁经营开业准备

连锁茶馆的开业标志着茶馆运营的开始，连锁茶馆的开业对经营者而言是一件大事，必须认认真真地好好准备。开业时需要组织一些活动，具体应做好以下3个方面的准备工作。

1. 确定开业活动的主题

为了将开业活动办得热热闹闹，提高茶馆的知名度，开业前要先确定好开业活动的主题。活动的主题比较多，大致可以分为以下几类。

（1）民俗类主题。民俗类主题是将民俗与茶馆所在地有机结合，或者与茶馆的地域属性相结合，如东北人开的茶馆开业活动可以以"二人转"为主题。另外，可以与民俗节日相结合。比如，在中秋节前后开业，可以选择以月饼、团圆为主题。选择此类主题的多为乡土式连锁茶馆。

（2）文化类主题。文化类主题是主题尽量与当地的文化热点联系起来。比如，与地方文化、文学热点、学术热点、社会问题等结合起来。客户群体定位为年轻知识分子的茶馆适合选择此类主题。

（3）体育类主题。一般具有棋牌类活动、球类运动等功能的茶馆适合选择此类主题。

（4）娱乐类主题。此类主题的题材比较广泛，包括音乐、舞蹈、曲艺表演、相声等，题材较多，可以邀请一些影视明星来助阵。音乐、舞蹈、曲艺表演等的主题要尽量与茶馆的文化气质相符。

2. 开业前的公关宣传

确定好开业活动的主题和时间后，接下来就要进行活动宣传了。常见的开业活动的宣传方式有散发宣传单、投放媒体广告等。

散发宣传单的效果比较直接，能够给人留下深刻印象。宣传单上一般会写上新开茶馆的地址、经营内容和联系电话。但这种宣传方式的缺点是宣传范围比较小，宣传范围只限于茶馆周边，这样知道的人不多。

相对于散发宣传单而言，投放媒体广告的成本要高很多，效果比较好。在公众媒体广告中，传统的报纸广告、户外广告的效果比较好，性价比较高。电视广告也不错，但成本较高，对于普通的茶馆来说，有点难以承受。近年来互联网发展迅速，截至2021年6月，中国网民已超10亿位，因此通过互联网进行广告宣传是很好的宣传方式。除了互联网广告，互联网新媒体平台也是很好的宣传方式，如微博、微信、小红书、今日头条、抖音、快手、微视等，这些新媒体平台的用户较多，通过在这些平台注册账号进行活动宣传是非常经济和有效的宣传方式。尤其是抖音、快手、微视等短视频直播平台，近年来十分火爆。开业前可以通过拍短视频的形式进行活动预告，开业时进行现场直播，这些都有助于开业活动的宣传推广。

3. 开业活动中的人员组织安排

连锁茶馆在开业前应该进行整体统一规划，从场地的安排、流程的制定到人员的分工都要精心设计，尤其是开业时人员的组织安排一定要安排到位。在进行人员组织安排时，大概可以按照材料采购、饮食生产、现场服务、活动协调、卫生保洁等几个部分来分组安排。

（1）材料采购组。材料采购可以分为两个组：一组负责饮食原料的采购，另一组负责会场用品的采购。

（2）饮食生产组。饮食生产包括饮料制作和食品生产两个部分。饮料制作比较简单，有一个茶艺师和两名服务人员即可；食品生产比较复杂，可以分为切配加工、烹调加工、点心制作三大板块，每个板块需要1~2个人，必要时，还要配几个原料择洗帮工。

（3）现场服务组。现场服务人员包括迎宾、服务、保卫、医疗急救等，每个部分可以分为一组，迎宾人员需要1~2人；现场服务人员负责传递茶水和食品等，根据活动的规模，可以设置3~5人；保卫人员负责维持现场的活动秩序；需要1~2名医疗急救人员，负责处理现场可能出现的伤病事件。

（4）活动协调组。活动协调组主要负责协调处理活动中出现的一些突发事件。

（5）卫生保洁组。在开业活动中会产生大量的垃圾需要及时清理，需要1~2名卫生保洁人员。

任务实施

步骤一：组建学习任务小组

教师根据学生的学号随机划分学习任务小组，每5~6人为一个学习任务小组，由任务小组成员自行选举小组长。

步骤二：任务分工

由小组长组织小组成员对如何完成本模块的学习任务"识别茶馆连锁经营开设准备"进行充分讨论，制订完成该学习任务的初步计划，同时小组成员之间做好任务分工。例如，可以将该任务划分为以下4个子任务。

（1）茶馆连锁经营产品准备。主要介绍在开设连锁茶馆前，需要准备的产品种类，以及产品的具体知识。

（2）茶馆连锁经营人员准备。主要介绍茶馆连锁经营需要准备哪些人员及如果缺少人员的话，那么应该如何招聘和培训等。

（3）茶馆连锁经营财务准备。主要介绍在开设连锁茶馆前，财务方面需要做的几项重要工作，如资金预算和筹集；招聘财务人员，设置财务部门；建立财务管理制度等。

（4）茶馆连锁经营开业准备。主要介绍开业前的3项重要工作：一是确定开业活动主题；二是进行开业活动宣传；三是做好人员安排。

步骤三：为讲演介绍做准备

小组成员做好分工后开始搜集资料，可以从网上搜寻，或去图书馆翻书查阅，或实地探访茶馆，对茶馆经营者进行访谈，把搜集的资料整理成文档，做成PPT或书面报告，由小组成员依次上台讲演介绍。

步骤四：评价

小组成员完成讲演任务后，可以先进行自我评价和自我分析，然后由台下的其他小组成员进行打分和评价，最后由教师进行简要点评并总结。评价内容、评价标准及各项目的分值见本书附录中的任务评价表。

任务巩固与案例分析

一、任务巩固

（1）假如你加盟投资了一家连锁品牌茶馆，在茶馆开业前，你应该准备哪些产品？

（2）假如你投资经营的连锁茶馆准备在一周后开业，在连锁茶馆开业前，你应该如何进行宣传推广？

二、案例分析

隐溪茶馆的加盟

隐溪茶馆简介

隐溪茶馆加盟有限公司集茶园种植、生产、加工、包装、销售一站式经营理念于一体，并创立了"隐溪茶馆"茶叶品牌。沿袭千年茶产地得天独厚的自然环境，秉承入选非物质文化遗产的制茶技艺精髓，以现代科技为古老的传统制茶技艺注入生机，将传统与现代工艺相结合。

公司以生态、绿色、健康为主导，弘扬以茶文化为主创立的品牌生态茶叶发展之路，立足更加细分的中礼品茗茶，从产品品质、包装设计到服务锁定目标市场。圣人以"中庸之道"治国，文泽以"中庸之道"制茶，以茶人的坚定和执着缔造品牌。

隐溪茶馆设计和风格上融合了东西方元素，倡导"隐"茶精神，为喧嚣都市带来"隐"茶意趣。

隐溪茶馆在上海有7家门店。门面看着小，其实里面大，有很多隔开的房间或包厢，适合不同的客户需要。房间或包厢的装修风格有所不同，但都讲究安静、简洁和舒服。小环境真会让人有安静片刻的感觉。

茶品有白茶、普洱茶等，可以搭配点心，也提供简单的主食如云吞、面食，但味道比较一般。

隐溪茶馆活用自己的长处，默默地立足市场，运用自己擅长的领域，热情地服务客户，突破自身产业和管理的局限，打造国际先进的特许加盟连锁经营体系。隐溪茶馆的服务有运营管理、技术培训、服务规范、店面设计、广告策划、营销推广、产品自有工艺等。隐溪茶馆不惜重金做宣传，24小时不停歇地宣传隐溪茶馆，从而达到推广的目的。

隐溪茶馆加盟优势

（1）品牌优势：隐溪茶馆经过严格的审核获得商务部商业特许经营备案企业、茶产业十大品牌企业、茶产业连锁靠前企业、诚信经营示范单位等众多资质荣誉。借助这些强势品牌资源可以轻松实现隐溪茶馆品牌在加盟店所在地区的迅速传播，加盟商加盟隐溪茶馆经营体系可以获得业界优质的品牌支持。

（2）团队优势：组建了一支在茶行业中为数不多的专业经营管理团队，拥有包括运营管理、品牌营销、终端推广、市场督导等专业人士，实现了管理层年轻化、专业化。合格的人力资源机制和团队的执行能力，为其全力拓展全国市场积累了坚实的后备力量。

（3）服务优势：隐溪茶馆连锁经营体系向加盟商提供营销、运营、物流、培训、销售等多方面的综合支持服务，如在运营管理上，为加盟商提供日常运营管理指导、技能培训、进销存指导、绩效考核等支持。

（4）经营优势：连锁经营管理模型正是基于隐溪茶馆数十家直营连锁分店多年来的成功经营管理经验，不断创立和发展的成功模型。不错的经营管理模式可以让隐溪茶馆加盟商获得更高的智慧之选成功率。

隐溪茶馆的加盟条件

（1）认同茶行业，喜欢茶文化。

（2）具备服务意识和较强的沟通能力，富有责任感和开拓精神，团队协作意识强。

（3）认同隐溪茶馆的特许加盟连锁经营模式和经营理念，在经营过程中能时刻保持隐溪茶馆品牌合格的声誉和形象。

（4）在加盟所在区域具有丰富的人脉资源和合格的声誉并熟悉当地的市场。

（5）具备一定的资金实力。

（6）店面选址应在较好的地段或商圈，如行政机关商务区，品牌购物街或中高档次住宅区附近，具有较好的停车条件和广告结果。

（7）加盟商的装修、陈设必须根据隐溪茶馆总部提供的图纸与方案进行统一的连锁店面VI形象装修。

（8）需要自行招聘并配置人员，包括店长、店长助理、营业员等，招聘的人员需要经过隐溪茶馆总部终端的运营培训。

（9）在营业前需要自行办理并取得合法的店面营业执照、卫生许可证等相关证照。

通过阅读以上资料，如果你想开设一家特许连锁茶馆，那么在开业前你应该做好哪些准备工作？

模块四　开展茶馆连锁经营管理

```
模块四 开展茶馆连锁经营管理
├── 任务一 开展茶馆连锁组织设计与人事管理
│   ├── 知识点1 茶馆连锁经营的组织结构
│   ├── 知识点2 茶馆连锁经营的人员配备
│   ├── 知识点3 茶馆连锁经营例会管理
│   └── 知识点4 茶馆连锁经营业务培训管理
├── 任务二 开展茶馆连锁经营财务管理
│   ├── 知识点1 茶馆连锁经营现金管理
│   ├── 知识点2 茶馆连锁经营会计核算管理
│   └── 知识点3 茶馆连锁经营债权及债务管理
├── 任务三 开展茶馆连锁经营设施设备管理
│   ├── 知识点1 茶馆连锁经营茶叶产品管理
│   ├── 知识点2 茶馆连锁经营软件系统管理
│   └── 知识点3 茶馆连锁经营设备管理
└── 任务四 开展茶馆连锁经营业务绩效管理
    ├── 知识点1 茶馆连锁经营客户态度绩效管理
    ├── 知识点2 茶馆连锁经营现场服务绩效管理
    ├── 知识点3 茶馆连锁经营收银服务绩效管理
    └── 知识点4 茶馆连锁经营服务创新绩效管理
```

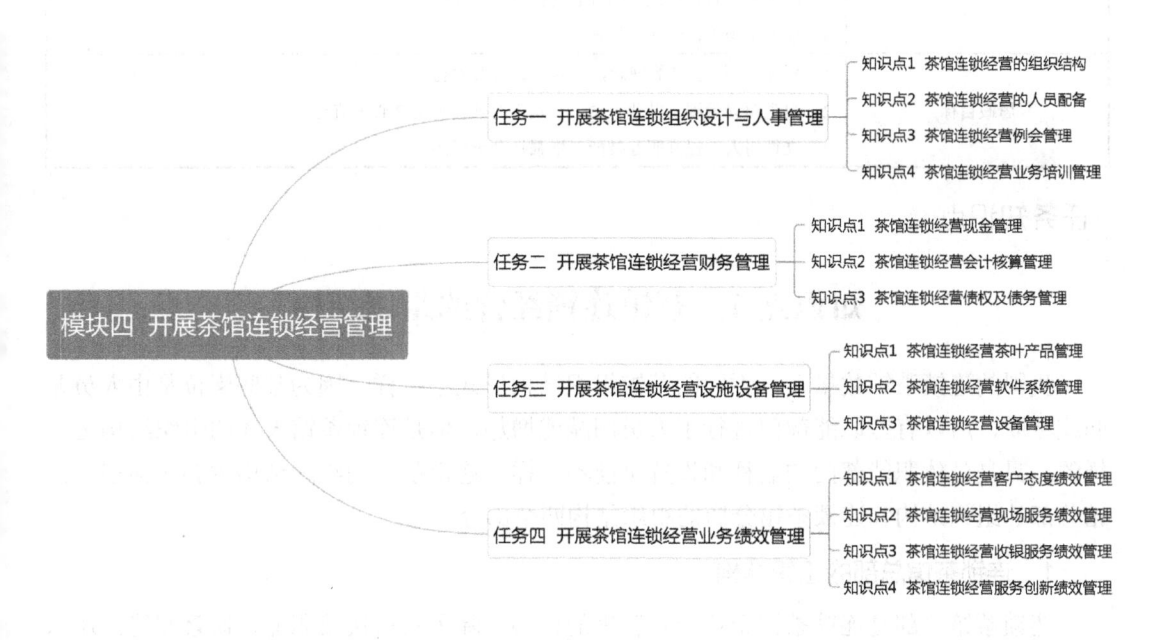

◆ 任务一　开展茶馆连锁组织设计与人事管理

【任务分析】

茶馆的连锁经营管理包括诸多内容，其中组织设计与人事管理是非常重要的模块。只有熟悉和掌握茶馆连锁经营的组织设计与人事管理方面的专业知识，茶馆的经营管理者才能更加合理地设置职能部门，有效地进行人员管理、培训、考核等工作，使茶馆在开设后能够平稳运行。

该任务主要包含两个方面：一是茶馆连锁组织设计；二是茶馆连锁人事管理。茶馆连锁组织设计是要设计出连锁茶馆的组织结构图，而要设计出连锁茶馆组织结构图，首先要明确连锁茶馆里一般需要设置哪些职能部门，这些职能部门里一般需要设置哪些岗位，以及各岗位的职责和上下级之间的关系如何等。茶馆连锁人事管理涉及招聘管理、培训管理、绩效考核管理、例会管理、员工管理等多方面知识。

【任务目标】

知识目标	1. 了解茶馆连锁经营的组织结构 2. 了解连茶馆连锁经营招聘方面的基础知识 3. 了解茶馆连锁经营业务培训的基础知识 4. 了解茶馆连锁经营例会管理的基础知识
技能目标	1. 能够绘制出连锁茶馆总部和分店的组织结构图 2. 能够进行连锁茶馆招聘信息的发布 3. 能够组织召开连锁茶馆分店的日例会、周例会、月例会 4. 能够组织茶馆的业务培训
思政目标	1. 树立"以人为本"的理念，培养正确的人才观 2. 自觉树立爱国、敬业、诚信、友善的社会主义核心价值观 3. 立德树人，提升职业技能，增强社会责任感

任务知识点

知识点 1　茶馆连锁经营的组织结构

我国的连锁茶馆数量多，不同的茶馆组织结构形式不一样。因为某些岗位是由人员兼职或专职，所以有些职能部门进行了人员削减或增加，但是连锁茶馆大体的组织结构是一样的，只是具体职能部门的名称和设置可能不一样。连锁茶馆的组织结构主要包括连锁茶馆总部的组织结构和连锁茶馆分店的组织结构两个部分。

1. 连锁茶馆总部的组织结构

连锁茶馆总部是连锁茶馆企业经营管理的核心，除了具有决策职能、监督职能，还承担着整体经营设计的功能，具体包括基本政策制定、连锁分店开发、商品采购管理、商品配送管理、商品促销管理及分店运营督导等。

如图 4-1 所示，连锁茶馆实行董事会领导的总经理负责制，一般在董事会下设置总经理职位，总经理直接管理开发部、运营部、财务部、行政部、采购部、工程部等职能部门，这些职能部门分别由副总经理或各部门经理管理。

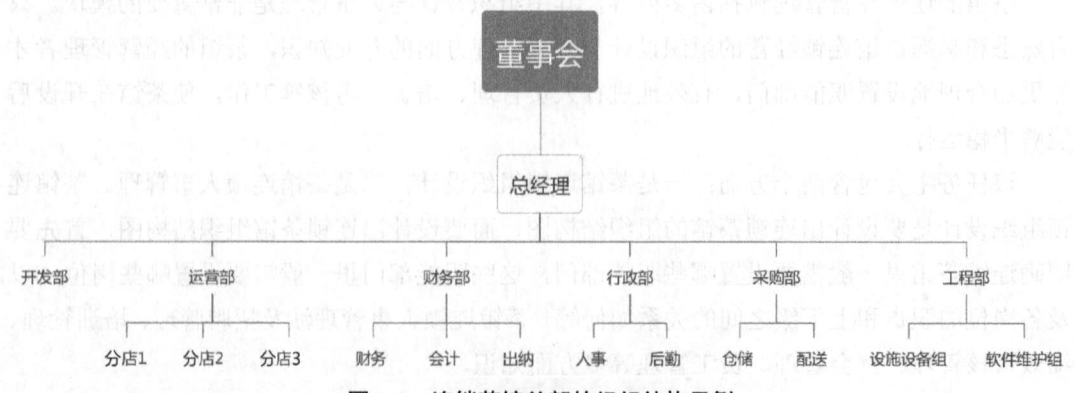

图 4-1　连锁茶馆总部的组织结构示例

（1）开发部的职责包括5个方面的内容：①新店的选址调查，包括人口数、家庭结构、收入水平、消费偏好、行业竞争状况等。②编制新店投资预算，估算投资回收期和投资收益率，交财务部审核以申请店面开发资金。③制定分店建设、装修、设计的统一标准，依此建设新店。④分店营业设备的采购和安装、维修和保养。⑤制定分店营业设备的使用和保养制度，监督和不定期检查店面的执行情况。

（2）运营部的职责包括5个方面：①连锁茶馆分店经营业绩考核制度的制定与执行。②店长工作业绩的考核与人事变动的建议。③连锁茶馆分店岗位职责、作业规范、服务规范的制定与执行情况的监督、考核。④连锁茶馆分店促销计划的制订和执行。⑤连锁茶馆分店的经营指导，包括商品陈列、店员培训等。

（3）财务部的职责包括5个方面的内容：①资金筹措、分配与使用等管理制度的制定。②审核各部门开发项目的投资预算或经营活动的经费预算，负责筹措资金保证供给或提出预算修改建议。③总部与各分店财务核算制度的制定与执行。④公司财务收支，包括供应商货款结算、税金交纳等。⑤提供会计报表和财务分析，提出财务方面存在的问题与建议。⑥开展内部审计工作，对各分店（以及采购部）实行定期盘点作业监督和不定期盘点抽查，以预防和消除分店经营舞弊的现象。

（4）行政部的职责包括6个方面的内容：①劳动工资、福利待遇、岗位考核、人事变动等人事制度的制定与执行。②劳动人事合同和档案管理、人力资源开发，人力资源开发包括员工招聘和员工培训计划的制订与执行。③接收消费者投诉并进行回复，或监督有关部门处理。④保持良好的公共关系，包括保持与消费者协会等民间组织及工商、税务、消防等官方机构的良好关系。⑤公司安全制度的制定与执行。⑥公司办公用品的采购、管理制度的制定与执行。

（5）采购部的职责包括3个方面的内容：①商品采购制度的制定与执行。②商品配送制度、仓库管理制度的制定与执行。③物流活动的开展与管理，包括到货商品的验收、保管与维护，适当地流通加工、库存控制及对各分店的商品配送服务等。

（6）工程部的职责包括2个方面的内容：①公司管理信息系统的开发和维护，既包括硬件设备的购置安装，又包括软件的设计、安装、维护等。②公司经营设施设备的维修。

2. 连锁茶馆分店的组织结构

各茶馆分店是茶馆连锁经营的基础，其主要职责是按照茶馆总部的指示和服务规范承担日常的经营销售业务。因此，连锁茶馆分店是连锁茶馆总部各项政策的执行单位。连锁茶馆分店的组织结构一般比较简单，主要视分店的性质、业态特征、规模大小及商品结构等因素的不同而有差异。如果是直营连锁茶馆，通常由茶馆经理（或店长）直接管理，同时下设各部门主管等职位，如前厅主管、后场主管、财务主管、后勤主管等；如果是特许经营茶馆，则可能由加盟店的店主直接管理茶馆内的事务，也可能是店主另聘茶馆经理来管理茶馆内的事务。通常规模较小的连锁茶馆分店，茶馆经理下面的职位不分组。规模较大的连锁茶馆分店需要进行明确的分工,并分别由各分店主管来管理分店。连锁茶馆分店的组织结构如图 4-2 所示。

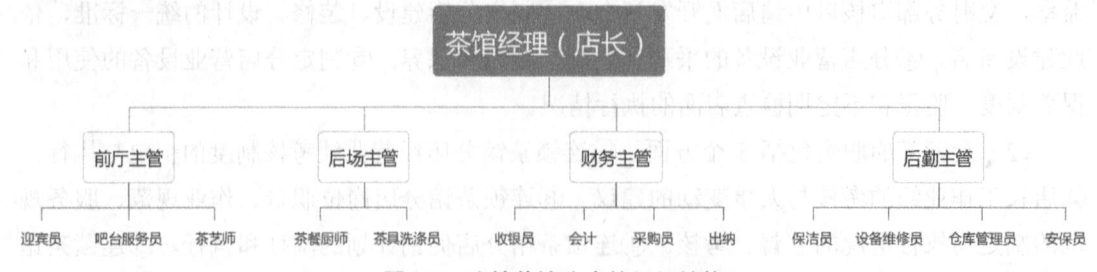

```
                          茶馆经理(店长)
        ┌─────────────┬─────────────┬─────────────┐
      前厅主管        后场主管      财务主管       后勤主管
    ┌───┼───┐       ┌───┴───┐   ┌──┬──┬──┐    ┌──┬──┬──┐
  迎宾员 吧台 茶艺师  茶餐  茶具   收银 会计 采购 出纳 保洁 设备 仓库 安保
       服务员       厨师 洗涤员   员        员       员 维修员 管理员 员
```

图 4-2　连锁茶馆分店的组织结构

(1) 茶馆经理。茶馆经理是茶馆连锁经营分店的总负责人,负责的工作包括 7 个方面:①根据连锁茶馆总部制订的年度、月度营业计划,领导员工完成各项经营活动。②根据不同时期的市场情况和连锁茶馆总部的指示制订分店的促销计划,完成促销活动。③严格执行连锁茶馆总部的服务标准及操作规程。④协调资金的流动,控制库存和订货数量。⑤根据公司的管理制度和考核制度,抓好茶馆员工的队伍建设。⑥做好茶馆经营设施、设备维护工作,加强日常管理,做好茶馆的卫生和安全工作。⑦指导、监督和管理下属人员的工作。在茶馆经理(店长)下一般设置前厅主管、后场主管、财务主管、后勤主管等职位。

(2) 前厅主管。前厅主管主要负责茶馆前厅直接服务客户的员工管理工作,保证茶馆的服务质量,通常在产品生产方面主要侧重于茶品及各种饮料的冲泡和调制。具体职责包括 5 个方面:①根据公司的安全卫生、茶饮料控制、服务规范等各项规章制度,做好茶馆前厅的管理工作。②配合茶馆经理做好茶馆的各种促销活动。③召开班前例会,布置工作任务,安排员工的班次,督导员工的工作。④按照公司的标准和规范要求,组织员工培训,确保服务质量。⑤负责前厅员工的考核工作,及时向经理汇报茶馆的经营状况。前厅主管下面一般设置迎宾员、吧台服务员、茶艺师等职位。

(3) 后场主管。后场主管主要负责茶馆的茶食、茶点的制作,产品生产方面侧重于食品的加工。具体工作职责包括 6 个方面:①制订茶馆原料的订购计划,控制原料的进货质量和成本。②制定茶餐生产的流程和岗位责任制度。③调配茶馆后场人员的生产活动。④做好后厨每日的食品卫生和环境卫生工作。⑤定期开展业务技术培训工作,提高后厨员工的基本技能。⑥对后厨员工进行考核、评估。后场主管下面一般有茶餐厨师、茶具洗涤员。

(4) 财务主管。财务主管主要负责连锁茶馆分店财务方面的管理工作,其下属包括收银员、会计、采购员、出纳等。具体工作职责包括 3 个方面:①为茶馆经理提供茶馆经营的会计报表和财务分析,并提出财务方面存在的问题与建议。②茶馆经营的收支情况汇报,进行茶馆财务投资预算和财务核算。③茶馆采购物资的盘点和审计等。

(5) 后勤主管。后勤主管主要负责茶馆的仓储管理、清洁卫生、安全保障、设备维修等管理工作。后勤主管下面一般有保洁员、设备维修员、仓库管理员、安保员等。有的茶馆规模小，为了节省人力资源，保洁、安保工作可由基层服务人员兼任。

知识点2　茶馆连锁经营的人员配备

茶馆的连锁经营同餐饮企业一样，具有产品消费的即时性和客源的不稳定性，这就导致茶馆的生意在一年之中具有淡季和旺季，在一天之中具有空闲时和繁忙时，因此，在茶馆连锁经营中要采取一种合理的人员配备方案，既要保证茶馆的正常运转人数，又不能加大茶馆的劳动力使用成本。

1. 茶馆人员配备的影响因素

一般来说，茶馆人员配备会受到茶馆分店的规模、经营档次、营业时间、服务类别、茶单品种、茶房设备等因素的影响。分店的规模越大说明客户越多，需要的人员越多；经营档次越高，客户的服务和产品需求越高，需要的人员越多。茶馆的营业时间根据茶馆类型的不同而不同，一般营业时间为早上、中午、晚上，还有的茶馆是24小时营业，营业时间越长，需要的人员越多。茶馆提供的服务越简单，需要的人员越少，提供的服务内容越多，如果附带茶艺表演等服务，那么需要的人员就较多。另外，茶单品种少，人员配备也少，茶单品种多，需要配备的人员也多；茶坊的设备越机械化、智能化，需要配备的人员越少，纯手工操作会增加人员的配备数量。

2. 茶馆连锁经营人员配备方案

（1）服务人员数量的配备。茶馆服务人员数量的配备主要根据茶馆的桌数、服务茶桌的定额数及营业时间来确定。首先，每天要对茶馆的营业量进行分析，记录好每周、每天客户往来的人数、时间段，确定茶馆营业高峰期客人的流量如何，这样就可以估算大概需要配备人员的数量。其次，在分析了茶馆的营业量后就可以进行分区域、分时段人员配备了，比如，1名服务员负责服务5~10桌，这样就可以估算高峰期总共需要多少名服务人员了。

（2）生产人员数量的配备。茶馆生产人员的数量与茶馆的功能类型有很大关系。如果茶馆的主营业务是茶饮和茶艺服务，那么茶餐点的生产人员需求量就会很小；如果茶馆的主营业务是茶餐点，那么后场人员的需求量就会较大，后场人员的配备要根据茶馆里的茶位数。一般情况下，一名厨师与茶位数的配比为1∶100。同时，为了配合一名厨师的工作，相应地需要配备3~4名其他相关的生产人员，包括切配、加工、打荷等人员。

（3）茶馆人员班次的安排。茶馆人员班次的安排一般与茶馆配备的人员数量、茶馆的营业情况有关。茶馆每天的经营有空闲时和繁忙时，客流量大时需要配置的人员多。因此，在安排人员班次时，首先把服务员分成若干个班次，其次确定每个班次的时间，再次根据茶馆的经营高峰期来确定具体的班次人数，最后安排员工正常的休息日。

3. 茶馆连锁经营人员的招聘

（1）制订招聘计划。茶馆的人员招聘计划是茶馆进行人员招聘的直接依据，也是茶馆人力资源规划的重要组成部分。一份完整的招聘计划包括招聘人数、录用条件、招聘渠道、到岗时间等内容。其中，录用条件主要包括年龄、性别、文化程度、身体条件、工作经验、专业（或工种）等内容。招聘渠道是指从哪里招聘的人员，如学校招聘会、社会招聘会等。

（2）发布招聘信息。招聘信息的发布有多种方式，可以通过实体广告的方式，如报纸、广播、招聘简章等，茶馆招聘简章示例如图 4-3 所示，也可以通过在招聘网站发布招聘信息的方式进行招聘，比如通过智联招聘、BOSS 直聘、猎聘网、前程无忧等招聘网站进行人员招聘，招聘网站示例如图 4-4 所示。

茶馆招聘简章

茶馆简介：××茶馆成立于20××年，主要经营……现诚聘下列职位。

茶馆茶艺师（2 名）

要求：
1. 女性，18～35 岁，高中以上学历；
2. 具有良好的沟通交流能力，懂茶叶相关知识；
3. 熟悉茶艺表演，能主办一些常见的茶艺表演活动；
4. 具有××年工作经验；
5. 持有茶艺师证书或茶学专业毕业生优先考虑。

待遇：试用期（3个月），工资×××元/月，转正后工资×××元/月。

报名方式：1.应聘者可将纸质简历投送或邮寄到××茶馆人力资源部
　　　　　2.电子简历可以发送至邮箱：××××××

地址：××省××市××区××路××号

邮编：123××

联系方式：186××××××××

报名时间：2022 年 1 月 1 日～2022 年 2 月 15 日

　　　　　　　　　　　　　　　　　　　　　××茶馆人力资源部

图 4-3　茶馆招聘简章示例

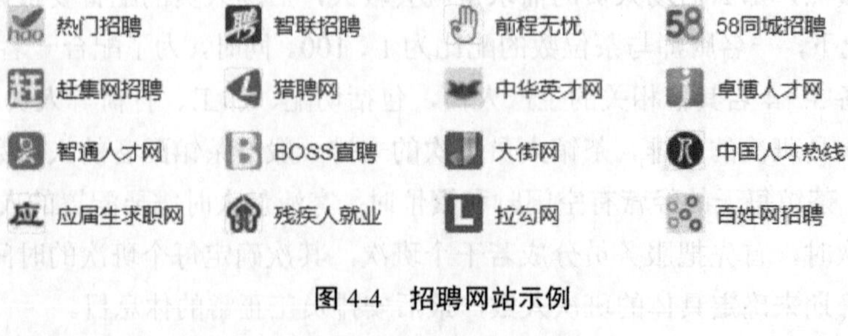

图 4-4　招聘网站示例

（3）应聘人员筛选。应聘人员如果看到茶馆的招聘简章或招聘广告后有意愿，就可以投递简历进行应聘。茶馆人力资源部收到应聘人员的简历后会进行筛选，如果有中意者就会进行电话、短信或邮件邀约面试。面试是以谈话的形式来考察、了解应聘人员的情况是否符合招聘岗位的要求。面试官一般是人事主管或茶馆分店的经营者。

（4）入职体检。如果应聘者通过了笔试、面试等筛选环节，就会进入准备录用阶段。录取前茶馆连锁企业一般会要求应聘人员进行入职体检，入职体检的目的是保证入职人员的身体状况适合从事该行业的工作，并且在集体生活中不会造成传染病流行，不会因其个人身体情况影响他人。入职体检应委托专门的医疗机构来完成。

（5）正式录用。如果应聘人员通过了入职体检，茶馆就可以准备录用了。在录用前，茶馆会向应聘人员发放录用通知书，告知应聘人员被聘用的岗位、到岗时间、相关聘用条件及上班报到时的注意事项等。待录用人员来茶馆报到后，茶馆要与应聘人员签订协议或劳动合同。劳动合同的内容一般包括双方的基本信息、合同期限、薪资待遇、员工守则条例、纪律处分条例、公证和签署等。应聘人员在签订劳动合同前应阅读和了解清楚劳动合同条款，对劳动合同中规定的时间、待遇等条款要清楚明了，有疑问的地方应当场提出，待得到明确答复无疑问后签字。签订劳动合同后，人力资源部会安排负责人带新员工到分店熟悉环境，有的还会在入职后的前几天进行岗位培训。

知识点3 例会管理

连锁茶馆经常要召开各种各样的员工会议。按召开会议的时间来分，有日例会、周例会、月例会等；按会议内容和出席人员来分，有连锁茶馆总部的例会、连锁茶馆分店的例会、连锁茶馆分店部门的例会。为了提高例会的质量，连锁茶馆要建立相应的会议管理制度。在会议管理制度中要对例会的时间、地点、内容、纪律、会议决定的检查落实等做出明确的规定。

1. 确定例会的时间

茶馆一天的例会分为晨会和夕会。晨会一般设置在茶馆每天开业前，夕会一般设置在每天下午的空闲时。周例会的时间一般设置在每周一或周五，月例会的时间一般设置在每月1号或30号。如果遇到节假日或特殊情况，周例会或月例会的召开时间就会顺延，若要改期，则至少需要提前1天通知大家。

2. 确定例会的地点

茶馆连锁经营总部组织的会议地点一般选在连锁茶馆总部，由行政部负责落实安排。因为受新冠肺炎疫情的影响，有的茶馆开始试行线上语音或视频会议等。连锁茶馆分店日常组织的例会的地点一般选在茶馆内。

3. 确定例会的内容

例会的内容是总结当天、当周、当月的工作完成情况，然后制订次日、下周、次月的工作计划，如果工作中存在问题，就提出来讨论解决。不同层级的例会主题类似，但具体内容不同。

（1）连锁茶馆总部的例会。连锁茶馆分店的例会由行政部组织召开，由连锁茶馆总部董事长或总经理、各茶馆分店的总经理（店长）等集体参加。例会主要有周例会和月例会。周例会主要是由各茶馆分店总经理总结、汇报该周该茶馆分店的经营情况及下周的工作计划；月例会主要是由各茶馆分店总经理总结、汇报当月该分店的经营情况及次月的工作计划。连锁茶馆总部董事长或总经理听取汇报后，对各茶馆分店经营目标的完成情况进行总结、评价，并对下周或次月的经营目标和计划进行指示和安排。

（2）连锁茶馆分店的例会。连锁茶馆分店的例会由连锁茶馆分店总经理（店长）主持召开，各部门主管（领班）参加。会议的主要内容是总结本周或本月的工作目标完成情况，并制订好下周或次月的工作计划。在部门工作中如果存在问题需要其他部门配合解决的，就可以提出来，由连锁茶馆分店总经理（店长）负责协调处理。

（3）连锁茶馆分店部门的例会。连锁茶馆分店部门的例会由前厅经理或后场主管负责召开。会议主要分为晨会和夕会。

晨会的主要内容包括以下 5 个方面的内容。

① 营造工作氛围。通过喊口号、队列训练等形式调动员工情绪，营造积极、热情的工作氛围。

② 交流工作信息。总结前 1 天的工作情况，交流工作中的各类信息。

③ 安排工作任务。安排当天的工作，使每一名员工都明确工作目标和具体的工作内容，使不同部门的员工明确协作方式。

④ 培训教育员工。针对员工汇报的疑难问题，在专业技能、业务操作方式上给予指导和培训。对工作态度、行为方式存在问题的员工及时给予教育和疏导。

⑤ 宣讲企业文化。强调企业的核心经营理念和愿景，促进员工的奋斗目标与企业的经营目标统一。

夕会的主要内容包括以下 5 个方面的内容。

① 总结当天任务的完成情况。总结、分析当天的营业额、人流量、毛利等，检查产品质量。

② 提炼工作方法，分享经验心得。

③ 总结不足和教训，提出疑难问题并探讨初步解决方案。

④ 调解员工之间的矛盾，鼓舞团队士气。

⑤ 初步安排第 2 天的基本工作内容。

4. 制定例会的纪律

（1）在例会召开前，例会主持者、主办部门及参会人员都应做好准备工作，包括会议的议题、会议的进行方式、会议通知、会场准备及发言准备等。

（2）例会通知由主办部门负责拟写，经相关领导签发后由公司行政办公室以电话的形式通知各茶馆分店管理人员。各茶馆分店的例会由茶馆分店总经理或各部主管（领班）通知。

（3）例会主办部门负责例会签到，并准备签到表。有特殊情况不能参加例会的，应提前1天向主办部门或主办者请假，并出具书面请假条。必要时可以委派部门的其他同事代替参加。

（4）与会人员应严格按照会议时间参会，不要迟到。在会议中自觉关闭手机或把手机调至静音状态，不得在会场接听电话。

（5）在会场上禁止吸烟，在会议中不得随意走动。

5. 会议决定的检查落实

被纳入公司例会管理的会议要做好会议记录，并形成会议纪要，会议纪要经连锁茶馆总部董事长或总经理签发后下发至各分店总经理。在例会上形成的决议，相关部门或个人应严格执行。为了检查会议决议的执行和落实情况，由公司行政管理部门对各项事务的执行情况进行跟进和检查。

知识点4　业务培训管理

连锁茶馆的业务培训是指茶馆根据发展需求和相关岗位的需求，对员工的茶学专业知识、泡茶服务技能、工作态度等进行有计划的培训。茶馆的业务培训是茶馆人力资源管理的重要组成部分。

1. 茶馆业务培训的主要内容

茶馆业务培训主要是指对茶馆员工进行以下3个方面的培训。

（1）茶学专业知识的培训。茶馆里的茶学专业知识主要是指茶艺技能、品茶技能、茶叶销售、茶学基础知识及其他相关知识等。

① 茶艺技能的培训。茶艺技能包括茶艺师的沏茶技艺和茶艺表演能力。沏茶技艺涉及茶性、茶具、水、艺术等方面的知识。茶艺表演主要涉及舞台的布置、茶艺剧本的编写、茶席的设置等方面的知识。通过培训使员工明白茶艺表演的基本步骤、动作要领等。

② 品茶技能的培训。品茶技能的培训是指通过提升员工的嗅觉、味觉、视觉和触觉等对茶的感知能力来提升员工的茶叶审评能力。茶叶审评包括审评干茶、茶叶的汤色、香气、滋味、叶底等。员工经过培训后要掌握茶叶审评的基本要素，并能用一些专业术语来表达。

③ 茶叶销售的培训。茶叶销售是给客户介绍以茶叶为主的商品，在满足客户需求的同时，为茶馆获得经济利益。茶叶培训应注重培养茶馆员工在销售技巧、销售心理、观察能力、逻辑推理能力等方面的技巧。

④ 茶叶基础知识的培训。茶叶基础知识包括茶叶的发展历史、分类、产地、品质特点、冲泡方法、文化典故及喝茶的好处等内容。

（2）服务能力的培训。茶馆员工的服务能力培训主要包括形体训练和语言训练两个部分。

① 形体训练。形体训练是指按茶馆标准礼仪队中茶馆员工的坐姿、站姿、走姿、仪容仪表等对员工进行严格的要求和训练，以使员工在外在形象上富有气质美和形体美。

② 语言训练。语言训练是指对茶馆员工在服务客户时的用语进行训练。语言训练主要侧重于训练员工灵活、规范地使用敬语、委婉语、幽默语等。

（3）管理能力的培训，茶馆人员管理能力的培训主要包括以下3个部分。

① 对于茶馆总部总经理、副总经理等高层管理者而言，培训的重点是其管理决策能力、合理用人能力、协调和控制能力、创新能力等。培训内容包括茶馆的业务管理、管理学原理、茶叶经济学、旅游经济学、组织行为学等。

② 对于茶馆的部门经理和分店总经理等管理人员而言，培训的重点是相应岗位的专业理论知识、部门及分店的运行管理知识等。

③ 对于分店部门主管或领班等而言，培训的重点是茶馆管理的基本原理、人事管理和劳动管理的基本理论、基本沟通方法与技巧、人际关系处理等。

2. 茶馆业务培训的流程

（1）分析培训需求。主要从组织的发展需求、工作岗位的需求、个人的提升需求等3个方面进行分析。

（2）设置培训目标。培训目标主要是传授专业知识、提升管理服务技能、改变工作态度等。

（3）制订培训计划。培训计划的主要内容包括以下9个方面：①培训项目及其具体内容；②培训的方式，如脱产培训、在职培训等；③培训的方法，如授课法、角色扮演法等；④培训的课程和资料，如茶学专业的书籍等；⑤培训要求，包括培训的纪律、考试等规定；⑥培训教师，可选择高校教授、茶学专家、企业家等；⑦培训对象，主要是公司各职级的员工；⑧培训时间和地点要根据参加培训的员工和培训老师的时间协商安排，地点要根据实际情况选择；⑨在培训预算方面要控制好预算成本。

（4）实施培训。制订好培训计划后即可实施，在培训中若有特殊情况，可以临时调整计划。

（5）培训评估。培训完成后要对员工的培训效果进行检验和评估，如进行笔试或操作测试等。

任务实施

步骤一：组建学习任务小组

教师根据学生的学号随机划分学习任务小组，每 5~6 人为一个学习任务小组，由任务小组成员自行选举小组长。

步骤二：任务分工

由小组长组织小组成员对如何完成本模块的学习任务"开展茶馆连锁组织设计与人事管理"进行充分讨论，制订完成该学习任务的初步计划，同时小组成员之间做好任务分工。例如，可以将该任务分解为以下 4 个子任务。

（1）茶馆连锁经营的组织结构。主要介绍连锁茶馆总部的组织结构、门店的组织结构，以及各部门的职能、上下级从属关系等。

（2）茶馆连锁经营的人员配备。主要介绍连锁茶馆人员如何配备，以及人员如何招聘等。

（3）茶馆连锁经营例会管理。主要介绍例会的种类，以及连锁茶馆总部、茶馆分店的例会管理等内容。

（4）茶馆连锁经营业务培训管理。主要介绍培训的业务内容和培训的流程等。

步骤三：为讲演介绍做准备

小组成员做好分工后开始搜集资料，可以从网上搜寻，或去图书馆翻书查阅，或实地探访茶馆，对茶馆经营者进行访谈，把搜集的资料整理成文档，做成 PPT 或书面报告，由小组成员依次上台讲演介绍。

步骤四：评价

小组成员完成讲演任务后，可以先进行自我评价和自我分析，然后由台下的其他小组成员进行打分和评价，最后由教师进行简要点评并总结。评价内容、评价标准及各项目的分值见本书附录中的任务评价表。

任务巩固与案例分析

一、任务巩固

（1）请你绘制一幅连锁茶馆分店的组织结构图。

（2）假如你是连锁茶馆的人事部经理，领导安排你招聘一名茶艺师，请问你应该如何完成任务？

二、案例分析

共享茶室

随着社会的发展，现在很多实体店面临房租、人力和水电费等上涨的问题，作为服务行业的茶室，在新冠肺炎疫情影响之下，想要让自己的利润维持在相对良好的状态下，除了引流拓客，还需要从提升服务效率和降低人力成本两个方面入手。

软件开发商研究出了自助管理模式，主要是用于降低人力成本，并且还在此基础上推出共享茶室、自助棋牌室、共享自习室、自助影咖等门店。但是茶楼以提供服务为门店特色，完全采用自助的模式营业就会失去本身的特色，可以参考共享茶室的模式来进行管理。

在服务效率方面，共享茶室采用线上预订、支付、开门消费的模式营业，茶楼可以参考这样的模式并结合自己的服务特色。客户可以在线上预订包间，也可以选择茶艺师，到店直接入座消费。服务员的主要工作是查看订单、为到店顾客开单、上茶和收费，并且引导客户线上预订。

增加提前预订、线上远程预订的模式可以提升顾客的体验感，避免出现到店无座、满座的情况。服务员查看订单可以直接上茶，不用在后厨与客户之间来回跑，提高服务效率。

在降低人力成本方面，自助的模式可以减少一些不必要人员的存在，例如茶楼之前有门迎、前台、泡茶倒水的服务员、打扫卫生的清洁工，现在可以将门迎、点单服务员、卫生清洁工减少或直接省去，因为借用自助管理模式可以让他们的工作内容简化，可以降低人力成本。

自助的模式还可以解决夜间值守的问题。茶楼夜间人力成本比白天高，并且夜间服务员难找，自助的模式可以减少人员招聘的压力，也可以参考共享茶室夜间不用值守的模式营业。

虽然共享茶室的出现会抢走茶楼的部分生意，但是它的经营管理模式值得参考，也不失为一个"可敬"的对手。

通过阅读以上材料，试分析连锁茶馆如果采用自助管理模式，那么其组织结构会有哪些变化？

任务二　开展茶馆连锁经营财务管理

【任务分析】

除了组织设计与人事管理，在茶馆连锁经营中财务管理也是非常重要的模块。对于连锁茶馆管理者而言，只有掌握连锁茶馆财务管理专业知识，才能有效利用茶馆有限的资金和物资，提高资金和物资的使用效益；对于连锁茶馆的财务人员而言，只有掌握连锁茶馆经营财务管理专业知识，才能在遇到茶馆连锁经营财务方面的专业问题时处理起来得心应手。

茶馆连锁经营财务管理的主要内容包括筹集财务资金、提高资金和物资的利用效率、成本管理、收入和利润管理、财务监督、财务分析等。其中，对茶馆的收入和支出、成本和利润、债务和债权等进行管理是重点，因此可以从现金管理、会计核算管理、债务和债权管理3个方面入手。

【任务目标】

知识目标	1. 了解连锁茶馆的现金管理制度 2. 了解连锁茶馆的会计核算方式和核算科目 3. 了解连锁茶馆的债权和债务方面的基础知识
技能目标	1. 能够对连锁茶馆的现金进行收支控制 2. 能够对连锁茶馆的收支进行会计核算 3. 能够进行连锁茶馆的赊销管理和存货管理
思政目标	1. 树立风险防范意识和正确的金钱观,增强职业道德 2. 培养客观公正、恪守准则、爱岗敬业的职业素养

任务知识点

知识点 1　茶馆连锁经营现金管理

在连锁茶馆里收款时,流行使用银行卡、支付宝、微信、信用卡等多种支付方式,在吧台前最好放置收款机,收款机联网后自动计算入账,同时放置支付宝和微信收款码等,以方便茶客支付。收款由收银员操作,由会计监督。除了这些流行的支付方式,现金支付也是茶馆里一种重要的支付方式,它关系到茶馆的利润,因此要进行严格管理。

1. 建立现金管理制度

(1)施行备用金管理办法。在核定的范围内使用备用金(库存现金),茶馆备用金的领用包括出纳员、收银员、采购员。原则上出纳员的库存现金不得超过 3000 元,前台收银员找零备用金不超过 1500 元,采购备用金不超过 500 元。

(2)除了零星的开支部分从库存现金中支出,其他一切支出必须从银行提取,不得坐支。因特殊情况需要坐支现金的,要报财务负责人批准,核定坐支范围和限额。库存现金超过限额的部分必须当日送存银行。

(3)茶馆与其他单位之间的经济往来,除了允许现金支付的款项,其余款项必须通过银行转账来结算。

2. 规定现金的使用范围

现金的使用范围包括临时员工的工资、出差人员必须携带的差旅费、茶馆处理紧急情况时的支出、转账结算起点以下的零星开支、中国人民银行规定的需要支付现金的其他支出。

3. 现金收支控制

(1)出纳人员和会计人员必须分工明确,出纳人员不得兼管收入、费用、债权债务账簿的登记、稽核和会计档案保管等工作,会计人员不得兼管出纳人员的工作。

（2）出纳人员应熟练并严格执行有关的现金管理制度。根据审核无误的收款、付款凭证负责办理现金和银行存款的收付款业务；负责登记现金和银行存款日记账；清查库存现金，并与账面银行核对，做到账款、账账相符；负责保管库存现金、各种有价证券、支票和法人代表、出纳印章。

（3）严格管理现金收付业务的审批制度。出纳人员在进行款项收付业务时，首先要认真审核所依据的凭证，既要审核手续是否完备、数字是否准确，又要审核其内容的合法性和合理性。对于手续不完备、数字存在错误的凭证，要求经办人完善手续后方可报销；对于不应开支的款项，应拒绝报销；对涂改或冒名领款的不法行为，应及时向财务负责人汇报。出纳人员在办理现金收付时，收付款双方应当面点清收付金额，并认真复核，加盖收付戳记及出纳人员签章，以防重收、重付。

（4）对于库存现金（含各部门的备用金），财务负责人、会计要实施经常性检查和突击性检查，并填制库存现金（备用金）检查表，说明检查结果。对于核查出的长短款，要及时查明原因并提出处理意见。

（5）出纳人员若工作调离，应严格办理交接手续。

知识点 2　茶馆连锁经营会计核算管理

1. 茶馆连锁经营会计核算方式

因为连锁茶馆的经营方式不同，所以其核算方式不同。依照连锁茶馆企业经营规模和经营范围的不同，连锁茶馆的会计核算方式（见图 4-5）可以分为独立核算与非独立核算两种。

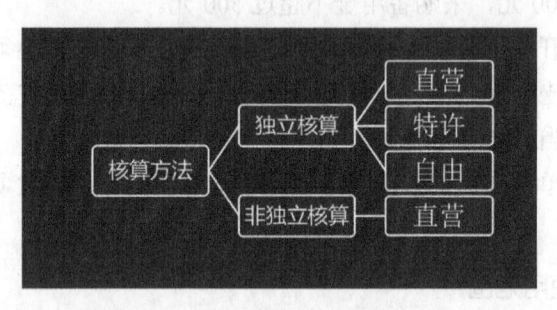

图 4-5　连锁茶馆的会计核算方式

（1）独立核算。独立核算是指连锁茶馆总部实行独立的、部分统一的会计核算，连锁茶馆分店实行相对独立的会计核算。在这种核算方式中，连锁茶馆总部和连锁茶馆分店都应设立独立的会计机构。连锁茶馆总部通过投资活动与分店形成各自的经济关系，连锁茶馆总部的投资额计入"长期股权投资"科目，连锁茶馆分店收到投资增加"实收资本"科目。连锁茶馆总部对经营所需要的商品实行集中统一采购，按需要为下属分店统一配送商品，按内部的商品价格进行结算，并按配送额开具增值税专用发票（一般纳税人）或普通发票。连锁茶馆分店凭发票增加库存，按独立会计进行核算，月末计算并结转当期经营成果，编制财务管理会计报告，将当期实现的利润上缴总部。连锁茶馆总部收到连锁茶馆分店上报的利润和财务管理会计报告后，编制合并会计报表。

（2）非独立核算是指连锁茶馆总部进行独立的、统一的会计核算，连锁茶馆分店不单独进行会计核算，经营中发生的各项费用均向连锁茶馆总部报账核销。在这种会计核算方法中，连锁茶馆总部会计机构应对各连锁茶馆分店的经营过程实行内部会计核算，以考核其经营成果，确定其劳动报酬，并根据经营需要为各连锁茶馆分店制定定额备用金制度，连锁茶馆分店实行报账制，不设置会计机构，只设置核算员，可以设置部分辅助会计账薄，负责上缴经营收入、核算本部门的经营费用、发放人员工资、保管本部门的备用金等。连锁茶馆总部拥有本企业的全部经济资源或控制权，对经营的商品实行集中统一采购，按下属分店经营需要统一配送。在库存商品的实物转移时，只对其明细科目进行调整。连锁茶馆分店将开展经营活动取得的收入，全部上缴总部，由总部编制个别会计报表。

2. 茶馆连锁经营会计核算科目

（1）资产类会计核算科目如图 4-6 所示，据此科目可以制作茶馆的现金流量表。

库存现金	周转材料
银行存款	存货跌价准备
应收票据	固定资产
应收账款	累计折旧
预付账款	固定资产减值准备
其他应收款	无形资产
坏账准备	累计摊销
在途物资	长期待摊费用
库存商品	递延所得税资产
发出商品	待处理财产损溢
商品进销差价	基层往来

图 4-6 资产类会计核算科目

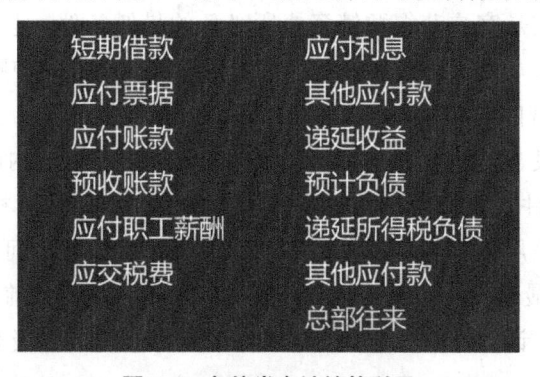

（2）负债类会计核算科目如图 4-7 所示，据此科目可以制作茶馆的资产负债表。

短期借款	应付利息
应付票据	其他应付款
应付账款	递延收益
预收账款	预计负债
应付职工薪酬	递延所得税负债
应交税费	其他应付款
	总部往来

图 4-7 负债类会计核算科目

(3)权益、损益类会计科目如图4-8所示,据此科目可以制作茶馆的利润表。

```
实收资本        投资收益
资本公积        营业外收入
其他综合收益    主营业务成本
盈余公积        其他业务成本
本年利润        税金及附加
利润分配        销售费用
                管理费用
主营业务收入    财务费用
其他业务收入    营业外支出
                所得税费用
```

图4-8 权益、损益类会计科目

知识点3 茶馆连锁经营债权及债务管理

茶馆连锁经营债权及债务管理最重要的是要提高茶馆的资产管理效率,提高茶馆的资金周转能力。对于债权中的应收款,应尽快收回;对于债务中的存货,应尽快周转,降低库存,加速茶馆资金周转。对茶馆连锁经营中的债权和债务进行管理,主要从应收款和存货两个方面着手。

1. 加强连锁茶馆的赊销管理

加强连锁茶馆的赊销管理是提高茶馆竞争力的有效方式,但赊销在扩大茶馆收入的同时,造成了应收账款对茶馆资金的占用,甚至发生坏账损失,降低茶馆资金的利用效率。因此,应建立应收账款全面管理系统,即事先规范的信用政策、事中严格的监控措施和事后合理的收账政策。

(1)制定规范的信用政策。信用政策即应收款管理政策,制定规范的信用政策是加强应收款管理、提高应收款投资效益的重要前提。主要需要做好以下两个方面的工作:①确立信用标准。信用标准是客户获得赊销资格所必备的最低条件,是茶馆允许或拒绝赊销的依据。茶馆的客户众多,为了有效地控制坏账的发生,在允许客户赊销前一定要先对其进行信用调查。信用调查的内容主要包括客户的品质、能力、资本、担保及经济状况等5个方面。同时,茶馆应设立信用管理部门,负责在规定标准和权限内的授信审核工作。②规定信用条件。信用条件是指接受客户赊账时所提出的付款条件。根据事先确立的信用标准,信用等级越高,信用条件越宽松。信用条件主要包括信用期间、现金折扣。信用期间是茶馆为客户规定的最长付款时间,现金折扣是客户在账款到期前付款而给予的优惠。为了避免信用条件过多,计算复杂,连锁茶馆最好采用每类信用等级对应一个固定信用条件的办法。

（2）执行严格的监控措施。在应收账款发生后，连锁茶馆应该加强对应收账款的监控。应收账款的监控措施包括监督应收账款的回收情况和建立坏账准备制度。首先，应定期对各项应收账款进行账龄分析，全面了解应收账款的回收情况。其次，建立坏账准备制度。连锁茶馆应对坏账损失的可能性进行预先估计并提取坏账准备金。

（3）采用合理的收账政策。收账政策是指违反信用条件，客户拖欠甚至拒付账款时，连锁茶馆所应采取的收账措施。应收账款到期后，连锁茶馆应针对不同的客户采取不同的收账措施。对于逾期较短的客户，不必过多地打扰；对于逾期稍长的客户，可以措辞委婉地发函（短信或电话）催款；对于逾期较长的客户，应频繁地进行信件催款，并加以电话催问；对于逾期很长的客户，应定期向客户寄发账单，在催款时应措辞严厉，必要时向有关部门提请仲裁甚至进行法律诉讼，或由专业机构追收款项。

2. 加强连锁茶馆的存货管理

对连锁茶馆的存货进行管理是要尽量减少库存，加速茶馆资金的周转。

（1）库存量管理。从理论上讲，存货水平越低，占用的资金数额越少，存储成本越低，因此最理想的状态是库存量降到最低水平，甚至实现"零库存"管理。然而，这是不现实的，茶馆很难完全实现"零库存"管理，在实践中，茶馆往往需要将有限的资金用于装修、营销。若能使存货成本最低，这样的库存量称为标准库存量。确定标准库存量要根据茶馆的实际经营需要结合采购成本和仓储成本共同确定。

（2）存货 ABC 分类管理法。存货 ABC 分类管理法是按照一定的标准，将茶馆库存中的各种物料按照"关键的是少数，次要的是多数"这个原则进行 A、B、C 分类，分别进行重点、一般、次要等不同程度的管理。分类标准可以是品种和占用资金的多少，即品种少、占用资金多的为特别重要的库存（A 类），品种多、占用资金少的为不重要的库存（C 类），介于二者之间的为一般重要的库存（B 类）。对库存进行分类的目的是针对不同的库存类别分别采取不同的管理措施。对 A 类库存应投入较大的精力精心管理，按细分品种严格控制，尽量降低库存；对 B 类库存应按照销量来调节库存水平，按品种进行大类控制，根据需求的程度和重要性配备存储设备，进行一般检查和盘存；对 C 类库存可以控制总金额集中订货，根据经验以较高的订货量来减少订货费用，按年度或季度检查盘存即可。采用 ABC 分类管理法可以进行有效的库存管理，提高连锁茶馆的资产管理效率，加速连锁茶馆的资金周转，利于连锁茶馆的债务偿还。

任务实施

步骤一： 组建学习任务小组

教师根据学生的学号随机划分学习任务小组，每 5~6 人为一个学习任务小组，由任务小组成员自行选举小组长。

步骤二：任务分工

由小组长组织小组成员对如何完成本模块的学习任务"开展茶馆连锁经营财务管理"

进行充分讨论，制订完成该学习任务的初步计划，同时小组成员之间做好任务分工。例如，可以将本任务划分为以下 3 个子任务。

（1）茶馆连锁经营现金管理。主要介绍连锁茶馆的现金管理制度、现金使用范围、现金收支的控制等。

（2）茶馆连锁经营会计核算管理。主要介绍茶馆连锁经营的会计核算方式及会计核算的科目等。

（3）茶馆连锁经营债权及债务管理。主要介绍连锁茶馆的赊购管理和存货管理方法等。

步骤三：为讲演介绍做准备

小组成员做好分工后开始搜集资料，可以从网上搜寻，或去图书馆翻书查阅，或实地探访茶馆，对茶馆经营者进行访谈，把搜集的资料整理成文档，做成 PPT 或书面报告，由小组成员依次上台讲演介绍。

步骤四：评价

小组成员完成讲演任务后，可以先进行自我评价和自我分析，然后由台下的其他小组成员进行打分和评价，最后由教师进行简要点评并总结。评价内容、评价标准及各项目的分值见本书附录中的任务评价表。

任务巩固与案例分析

一、任务巩固

（1）假如你是茶馆里的一名出纳员，请问你应该如何对茶馆里的现金进行管理？

（2）假如你是茶馆分店总经理（店长），请问你应该如何进行赊销管理？

二、案例分析

如何做好茶饮店的财务管理

很多茶饮店由于门店面积较小，组成人员少，自然而然地忽视财务管理，而只会对店内资金进行粗略的统筹，其实这是一个极大的误区。麻雀虽小，但五脏要俱全，财务管理是一家茶饮店的根本，只有做好财务管理，才能明确知晓店内需要改进的地方，那么怎么进行财务管理呢？

1. 明确罗列出茶饮店内的费用清单

茶饮店一般都需要有一张明确的成本清单，无论是物料清单还是人工、设备等清单都需要有清晰的账目明细，每一项支出都明确地反馈在数值表格上，从而方便及时调整店内的收支平衡，也能全局把控店内的财务状况。

2. 明确茶饮店内的每一笔资金流向

即通俗意义上的备注，很多店铺有收入、支出明细，但是细看却并不明确每一笔支出都流向了哪里。工作人员需要养成对每一笔资金支出做出明确分类的习惯，以方便在总结时能够准确地计算出每个分项的盈亏情况，也能够及时对收支结构进行精准的调整。

3. 每一项费用都需要进行提前审批

但凡是具备一定规模的企业或门店都会制定费用审批制度，对于员工涉及的每一项支出都进行严格审批，避免出现不必要的支出漏洞。如果能够优化财务管理制度，就可以在很大程度上减少资金流，有效地控制店内的支出成本。

总之，财务管理是每一家企业的重中之重，要想稳步发展，就需要做好财务管理，规避财务支出漏洞，确保收支平衡。

通过阅读以上关于茶饮店的财务管理经验，谈谈你对连锁茶馆财务管理有何启发。

任务三　开展茶馆连锁经营设施设备管理

【任务分析】

连锁茶馆要想运营得好，除了要做好人员、财务等方面的管理工作，还要做好经营设施设备的管理工作。掌握茶馆连锁经营设施设备管理方面的知识和技能，有利于茶馆经营者在运营中做好经营设施设备的保养和维护，降低茶馆连锁经营成本，提高经营设施、设备的利用效率。

要完成该任务，就要弄清楚茶馆连锁经营中涉及哪些设施设备，对于这些设施设备应如何选购和配置、如何使用，以及使用后如何进行维护和保养。

【任务目标】

知识目标	1. 了解茶叶产品管理的基础知识 2. 了解茶馆连锁经营软件系统的主要功能 3. 了解茶馆连锁经营设备管理方面的基础知识
技能目标	1. 能够根据连锁茶馆的实际需求进行茶叶品种的选购 2. 能够根据说明操作茶馆连锁经营软件系统 3. 能够对茶馆连锁经营的设备进行保养和维护
思政目标	1. 培养学生的安全操作意识和卫生保护意识，增强他们爱岗敬业的职业道德和职业素养 2. 树立社会主义核心价值观和终身学习观，掌握新设备和新机器的使用技术，培养创新精神

任务知识点

知识点 1　茶馆连锁经营茶叶产品管理

1. 茶叶原料的选购管理

（1）制订科学合理的采购计划，货比三家，广泛征集所需茶叶的供货商信息，进行深入的市场调查，确定采购的茶叶种类、数量，以及采购的原渠道、日期。制订一定的工作计划，选择合适的供货商，实施订货与采购。

（2）了解茶叶的原产地。不同产地的茶叶价格和质量有时候差异较大，因此在采购茶叶时要注意查看茶叶的原产地，比如，乌龙茶主要产于福建和广东，龙井茶主要产于浙江杭州等。

（3）掌握茶叶原料质量的鉴定标准。茶叶的品类非常多，不同品种、不同等级的茶叶有不同的质量标准，比如，绿茶多为小叶种茶叶，芽叶的细嫩程度是一个重要的质量指标，乌龙茶是大叶种茶叶，不能沿用绿茶的芽叶标准；普洱茶是深度发酵茶叶，汤色重，绿茶是不发酵的，汤色清，两者的汤色标准是明显不同的。因此，在选购茶叶原料时，要学会从茶叶的嫩度、条索、色泽、整碎、净度、滋味、汤色、香气、叶底等9个方面来判定选购的是不是好茶。

（4）了解茶叶的市场接受度。每一个地方的人口味不同，对茶叶的偏爱度也不同。例如，北方人普遍爱喝花茶，江浙人普遍爱喝绿茶，闽粤人普遍爱喝乌龙茶，产茶地的人们对家乡的茶叶总有一种偏爱。非产茶地的茶叶消费情况受茶叶的知名度影响较大，采购茶叶时要尽量选择名气较大的茶叶品种。

2. 茶叶的验收管理

要确定专门的验收人员对采购的茶叶进行数量、质量和价格的严格核查，对合格的茶叶准予入库储存，对不合格的茶叶予以拒收。

茶叶的验收包括检验和收货两个部分。检验是指检验人员在检验茶叶时必须凭证检验，检验订货单上所列的茶叶品种、数量和批准的请购单上的品种、数量是否相符，并进行单据与实物核对，核对交货日期、核查交货期是否和订货单上的日期一致。收货是指在收货时要核查交货的数量和质量，检查订货单数量、送货通知单数量与实际到货数量三者是否完全一致，根据采购规格书来衡量各类物资的质量状况。最后对采购员所购物资的价格进行核查，以免出现一些错误甚至造成不必要的经济损失。

3. 茶叶的仓储管理

茶叶经过验收入库后要进行严格的仓储管理，具体要求如下。

（1）鲜茶叶经过加工制成干茶产品后，应及时经质检人员验收入库，检验方法、卫生标准按照绿色食品标准执行。

（2）茶叶产品检验合格入库后，仓管员应根据产品档次密封包装、贴好标签、分类存放、妥善保管。同时应做好六防：防湿、防潮、防混、防串味、防火、防盗。

（3）茶叶产品入库后，仓管员应登记造册，进出产品要严格办理交接、签收手续，严禁私人窝藏产品。

（4）仓管员要保持好仓库环境，确保茶叶产品卫生、安全，贮藏条件要达到清洁、干燥和相对避光。仓库周边及库内严禁存放与产品无关的杂物，以防混标、串味、污染。

（5）定期检查库内产品，每月进行盘点、检查一次，发现问题及时解决。

（6）出厂商品茶必须经厂质检部门按照执行标准检验合格，并附合格证明后方可销售。

（7）茶叶产品的运输工具必须清洁、干燥、无异味、无污染。运输时应防雨、防潮、防晒，装卸时应轻放、轻卸，严禁与有毒、有异味、易污染的物品混装、混运。

知识点2　茶馆连锁经营软件系统管理

1. 茶馆连锁经营软件系统的选购

现在市面上的管理系统分为两种：一种是单机版管理系统，另外一种是智能SaaS管理系统。单机版管理系统是市场上最早用的一批管理系统，版本比较老，但是优点在于可以长期使用，一次性购买后可以一直使用。相对来说，功能很多，但缺乏垂直化特性，导致很多企业给员工使用的时候需要花很长时间进行培训。因为功能多，所以可能存在部分漏洞，需要定期升级，售后的维护成本较高，扩展性不强。很多企业在使用单机版管理系统的几年内可能会因为出现新的需求而需要更换新系统，这类系统说的是普通版本的单机版管理系统。如果是为企业单独定制、开发的系统的话，造价成本就会比较高，一般中小型茶馆无法承担。智能SaaS管理系统是目前市场上茶馆行业比较流行使用的管理系统。因为它是通过互联网把管理系统放在云端上的，所以开发商会根据用户的反馈经常进行系统的更新、维护。在部署方面，它与单机版管理系统相比要简单、方便得多，因为它是通过云端链接的管理系统，所以用户在手机、电脑上都可以使用、操作。

在茶馆连锁经营中，茶馆总部的管理系统一般具备的功能有基本信息管理功能、合同管理功能、采购管理功能、应付管理功能、销售管理功能、应收管理功能、财务管理功能、信息流管理功能、综合查询管理功能、数据传送管理功能。

连锁茶馆分店的管理系统要具备的功能有前台收银功能和后台信息管理功能。后台信息管理功能包括茶馆的基本信息录入、修改，货位管理，入库，盘点，报损，调拨，查询，数据传送管理等功能，同时能根据当日销售额生成各种销售分析图表，如销售日报、周报、月报、年报等。

连锁茶馆配送中心的管理系统要具备的功能有入库管理功能、出库管理功能、盘点管理功能、调拨管理功能、库存管理功能、查询管理功能、报损管理功能、数据传送管理功能、单据打印功能。

在选择管理系统的时候要咨询清楚这些系统的供应商能否提供这些功能，具体的操作方式是怎么样的、价格如何等。

同时，要看一下相关的案例，看看哪些商家在使用这些管理系统，看看同行是否会选择这类管理系统，看看相关的评论。了解一下在和服务商沟通的时候他们的服务态度如何等，综合多方面考虑之后再进行选购。

2. 茶馆连锁经营软件系统的使用

选购茶馆连锁经营软件系统后应配备使用手册和教学视频，并安排专职人员学习使用,熟练掌握后即可对店长、员工进行培训、指导。以美萍茶馆专家(见图4-9)为例,该软件包含了茶馆连锁经营管理中的多种功能,这些功能可以满足连锁茶馆分店的日常使用需求。

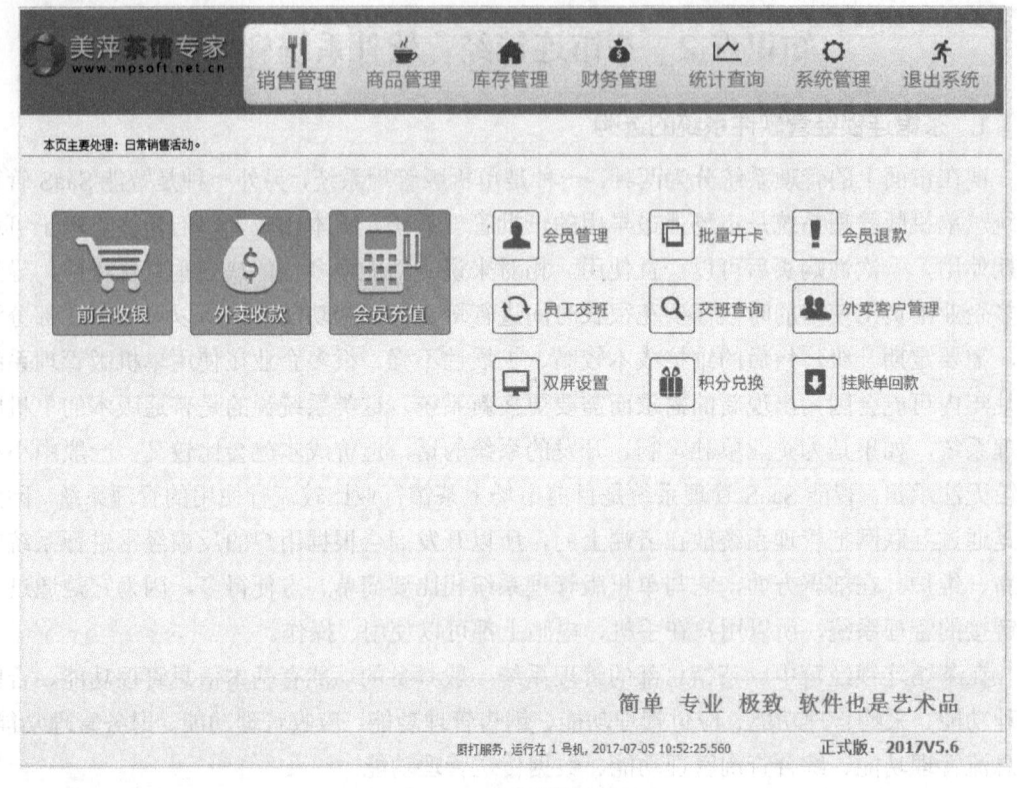

图4-9 美萍茶馆专家

(1)全面触屏操作可以在不增加操作复杂度的情况下为用户提供更加便捷的操作和更强的功能。

(2)有退换菜器、赠菜器、添加菜品等功能。

(3)有挂单和取单功能。

(4)支持收银端双屏显示。

(5)支持后厨小票打印、前台账单打印。

(6)支持快餐外卖,有强大的外卖管理功能。

(7)支持单菜品特价、会员价等优惠设置。

(8)在收银结账时支持现金、储值、银联卡、微信支付、支付宝、代金券和美团点评验券等多种付款方式。

(9)实行会员分级管理,一张卡片同时有折扣功能和储值功能。

(10)会员卡有磁卡、IC卡、ID卡。

(11)有强大的商品管理功能,商品可分为单菜品、商品、原料和套餐4类。

（12）有全面的财务管理模块。

（13）支持套餐管理并且支持可灵活选择的可选菜品。

（14）特价菜可以设置为某个日期段内的某个周几的一个时间段，灵活方便。

（15）支持实用的会员价设置。

（16）有完善的营业统计查询系统。

（17）可以实现分店连锁功能，会员可以通过 TCP 模式实现全部分店的充值和消费。

（18）有贴心的邮件自动备份和短信群发功能。

关于该软件的具体使用操作说明文件大家可以登录该软件的官方网站查看。

3. 茶馆连锁经营软件系统的维护

（1）茶馆连锁经营软件系统维护的内容。茶馆连锁经营软件系统维护的内容包括以下 3 个方面：一是系统的日常运行维护包括系统的操作指导、因为系统缺陷导致的各种 bug 的修复、因误操作导致的数据错误维护等；二是系统突发事件的诊断、排除；三是因业务发展需要或需求变动引发的对软件系统功能的新增和完善；四是数据库数据清理和数据库性能优化。

（2）茶馆连锁经营软件系统维护的方式。软件系统维护的方式主要有两种：一是现场技术服务方式，它是指在因应用软件系统出现重大故障导致业务中断时，由软件供应商派出技术人员现场协助茶馆分店的技术、业务人员一起对故障进行分析和处理。同时根据需要对茶馆分店的技术、业务人员进行软件系统的运行管理、日常维护、使用操作及开发技术等方面的培训。二是远程维护方式。它是通过电话、电子邮件、传真或远程访问等方式进行系统故障处理、技术支持、咨询服务等。

任何软件系统都不是完美的，在使用的过程中总会产生各种问题。当软件在使用过程中遇到问题的时候，茶馆连锁经营分店与总部要做到信息透明、及时地传达，以免浪费时间重复操作。而对于一些技术性问题，要及时向软件系统供应商或其公司的技术人员反馈以迅速解决，降低因软件系统故障可能导致的经济损失。

知识点 3　茶馆连锁经营设备管理

茶馆连锁经营设备管理主要包括厨房设备管理、茶具管理、餐具管理、低值设备及低值易耗品管理等几个方面。

1. 厨房设备管理

（1）厨房设备的配置。厨房里的经营设备较多，包括烹饪设备，比如，燃气灶、微波炉、电磁炉、烤箱、蒸笼、电饭煲、开水炉、炒锅、蒸锅、汤锅、砂锅、火锅、高压锅、平底锅、不粘锅、蒸笼、蒸箱等；冷鲜储藏设备，比如，冰箱、冷藏柜、消毒柜、储物柜等；洗涤设备，比如，洗碗机、洗菜池等；调理设备和工具，比如，操作台、调理柜、菜货架等；排烟设备，比如，抽油烟机、油网烟罩、油烟净化器、防火阀等；厨房机器设备，比如，压面机、绞肉机、面点机、刨冰机、榨汁机、搅拌机等。

（2）厨房设备的使用。厨房里的设备在使用的时候要注意 3 个方面：一是安全使用；二是保证卫生；三是做好保养。在安全使用方面，厨房里的安全问题主要与水、火、电 3 个方面有关，要注意用水安全、用电安全、用火安全，比如，在使用燃气设备时，要注意避免烹调时油锅起火，使用完后要及时关掉气阀；在使用电器设备时，注意不要用湿手开关电器，以免触电。另外，要定期检查线路是否老化、破损，如有破损，应及时更换；在使用水时，要注意保证水池、水槽畅通，安全地使用开水炉，避免烫伤。在保证卫生方面，茶馆厨房要及时清洁，食物要分类摆放，砧板、炉灶等设备要及时清洗干净等。做好保养，在使用完厨房里的设备后要及时清洗干净，比如，每天清洗烤箱的表面，检查所有线路是否畅通，保持各零配件和开关的连接性，保证其工作效率；每天清洗炉灶上的铁架及不锈钢台面，保持灶具表面的光洁度，厨房油污和其他杂质会腐蚀炉灶的表面，要经常清洗天然气喷头；要保持冰箱的内、外部清洁，每 7 天除霜一次，经常检查电源及温度控制装置，保持冰箱压缩机处于正常的工作状态；每次使用厨房的机器设备后都要进行彻底的清洁，并经常维护，每月定期为齿轮和轴承上润滑油，每 3 个月检修一次电机。

2. 茶具管理

茶具的寿命与其使用和保养的方法有关，正确地使用茶具可以延长它的使用寿命。一般情况下，常用的茶具都由前台保管，前台的茶艺师或服务员是责任人，特殊的茶具或高档的茶具多放在库房或陈列架上。茶具的使用和保养要注意以下几点。

（1）按材质选择清洗方式。无论是新盏还是旧壶，在保养之前都要把茶具身上的油、尘、茶垢等清洗干净，只有勤清洗茶具，保养起来才会事半功倍。在清洗陶瓷茶具的茶垢时，可以挤少量的牙膏在茶具上面，用手或棉花棒把牙膏均匀地涂在茶具表面，大约 1 分钟后用水清洗这些茶具，这样茶具上面的茶垢就很容易被清洗干净了。对于紫砂壶来说，壶的表面淋到茶水后，用软毛小刷子轻刷即可。如果壶中积茶，就用开水冲净，再用清洁的茶巾稍加擦拭即可，切忌用力刷擦，绝对不能用洗碗精或化学洗洁剂洗刷，因为这样做不仅会将壶内的茶味洗掉，还会刷掉茶壶外表的包浆。

（2）多泡茶。茶具是用来泡茶的，其最佳的保养方法是多泡茶。泡茶的次数越多，茶具吸收的茶汤越多，经过日积月累的浸润，茶具表面就会散发出润泽如玉的光芒，仿佛在静静地"诉说"每一泡好茶的故事。

（3）忌油污。茶壶是最忌沾到油污的，如果不小心沾到油污，就必须立刻清洗，否则茶壶不但吸收不了茶水，反而会留下油痕。

（4）茶壶内勿浸置茶汤。每次泡完茶后，应将茶渣和茶汤都倒掉，用热水冲去残留在壶身的茶汤以保持壶内和壶外的清洁。应保持壶内干爽，如此养出来的茶具才能发出自然的光泽。

- 104 -

3. 餐具管理

茶馆里的餐具种类较多，就材质来看，陶瓷、金属、玻璃、塑料居多，选择时应根据茶馆的风格定位选择合适的材质。在使用时和使用后，要注意以下几点。

（1）在使用餐具前要对餐具进行正确的洗刷、消毒。

（2）在洗刷过程中对机用液和光亮剂要进行正确的配比使用。

（3）餐具要轻拿、轻放，集中管理。

（4）餐具要合理存放、分类存放、分档存放。

（5）实行及时清理、洗刷，不产生积压，以保障餐具的正常使用。

（6）对餐具进行清点，以供应开餐正常使用，对破损的餐具要登记、存放，填写破损登记表，应把破损率降到最低。

4. 低值设备及低值易耗品管理

茶馆里的低值易耗品主要是指廉价的餐具、茶具、口布及一次性用品等。对于低值易耗品，茶馆应该进行严格管理。

（1）低值设备管理。对于低值设备管理，应做好以下3个方面的工作：①对低值设备进行编号管理，对其使用过程中的领用、保管、维修、损坏赔偿等情况进行登记。②建立专人负责制度，每一件低值设备都应有专人负责管理。③做好低值设备的仓储保管，不使用的时候封存起来放置好，以备日后使用。

（2）低值易耗品管理。低值易耗品在入库前必须及时认真验收，在验收时若发现问题，应及时提出并办理退还手续。在存放时，要分类存放，保持清洁，在领用时，要按部门归类登记，定期清查、盘点，对于不用的低值易耗品，应办理退库手续。

任务实施

步骤一：组建学习任务小组

教师根据学生的学号随机划分学习任务小组，每5~6人为一个学习任务小组，由任务小组成员自行选举小组长。

步骤二：任务分工

由小组长组织小组成员对如何完成本模块的学习任务"开展茶馆连锁经营设施设备管理"进行充分讨论，制订完成该学习任务的初步计划，同时小组成员之间做好任务分工。例如，可以将该任务细分为以下3个子任务。

（1）茶馆连锁经营茶叶产品管理。主要介绍茶馆连锁经营茶叶产品如何选购、如何验收、如何储存保管等基础知识。

（2）茶馆连锁经营软件系统管理。主要介绍茶馆连锁经营软件系统如何选购、如何使用、如何维护等基础知识。

（3）茶馆连锁经营设备管理。主要介绍茶馆连锁经营设备如何选购配置、如何使用、如何维护等基础知识。

步骤三：为讲演介绍做准备

小组成员做好分工后开始搜集资料，可以从网上搜寻，或去图书馆翻书查阅，或实地探访茶馆，对茶馆经营者进行访谈，把搜集的资料整理成文档，做成 PPT 或书面报告，由小组成员依次上台讲演介绍。

步骤四：评价

小组成员完成讲演任务后，可以先进行自我评价和自我分析，然后由台下的其他小组成员进行打分和评价，最后由教师进行简要点评并总结。评价内容、评价标准及各项目的分值见本书附录中的任务评价表。

任务巩固与案例分析

一、任务巩固

（1）假如你是一名连锁茶馆的采购员，请问你应如何进行茶叶产品选购？
（2）在使用连锁茶馆的厨房设备时应注意哪些问题？

二、案例分析

拉萨谚语云"宁可三日无饭，不可一日无茶"。针对部分甜茶馆卫生状况不佳的现象，拉萨市市场监督管理局进行了集中整治与检查。

据统计，拉萨市甜茶馆数量已达 1800 余家，喝甜茶已经成为市民生活中不可或缺的一部分。然而甜茶馆"火热"的背后暴露出一些卫生状况不佳的问题，一些甜茶馆对茶具清洗敷衍了事，茶杯用过后未消毒用水冲洗后就让新客人使用。

拉萨市城关区市场监督管理局副局长央珍告诉记者："由于客流量增大，杯子使用率高，消毒柜每天只消毒一次，服务人员只穿了工作服，没有佩戴帽子和口罩，茶馆冰柜随意存放非食品容器，间接污染食材等不良现象仍旧存在于部分甜茶馆。"

针对上述问题，拉萨市市场监督管理部门于 2019 年 7 月 15 日至 19 日，对拉萨市内的 405 家大中型且人流量集中的甜茶馆进行了集中整治与检查，此次专项整治规模和力度为当地近几年最大的。

这项整治活动受到普遍欢迎。网民在微信上称赞这项活动是对人民健康负责的行动。"我们喜欢喝甜茶，但我们更喜欢喝健康的茶，甜茶馆是我们西藏的特色，我们当然不希望它越做越差。"市民边珍说。

据了解，下一步拉萨市市场监督管理部门将打造 2~3 家甜茶馆食品安全管理示范店，以点带面，推动拉萨市甜茶馆整体食品安全水平提升。此外，市各街道办事处食品协管员将对甜茶馆进行不定期的随机巡查，强化日常监管。

（案例来源：新华社）

通过阅读以上关于拉萨市甜茶馆的新闻材料，请你谈谈在茶馆连锁经营设备管理中应注意哪些问题。

任务四 开展茶馆连锁经营业务绩效管理

【任务分析】

所谓绩效管理，是指各级管理者和员工为了达到组织目标共同参与的绩效计划制订、绩效辅导沟通、绩效考核评价、绩效结果应用、绩效目标提升的过程，绩效管理的目的是持续提升个人、部门和组织的绩效。茶馆连锁经营业务绩效管理是对连锁茶馆中的主要服务业务进行管理，其中包括客户态度绩效管理、现场服务绩效管理、收银服务绩效管理、服务质量绩效管理、服务创新质量管理等多个方面的内容。开展茶馆连锁经营业务绩效管理，有利于茶馆管理者顺利地进行绩效考核，提高员工的工作积极性，提高茶馆的服务水平和经济效益。

【任务目标】

知识目标	1. 了解茶馆连锁经营中客户态度绩效管理的要点 2. 了解茶馆连锁经营中现场服务绩效管理要注意的3个方面 3. 了解茶馆连锁经营中收银服务绩效管理的主要内容 4. 了解茶馆连锁经营中服务质量绩效管理的内容
技能目标	1. 能够对客户投诉进行合理的处理 2. 能够进行茶馆连锁经营中的现场服务绩效管理 3. 能够根据收银员的岗位职责对收银服务进行绩效管理 4. 能够掌握茶馆连锁经营中服务创新质量管理的主要内容
思政目标	1. 树立正确的绩效观念，培养奋发向上、努力拼搏的职业精神 2. 增强服务意识和质量意识，树立敬业、爱国的社会主义核心价值观 3. 增强创新意识，坚持与时俱进

任务知识点

知识点1 茶馆连锁经营客户态度绩效管理

客户态度是一面镜子，员工的服务态度和服务质量如何，都可以从客户态度中看出来。因此，把客户态度纳入员工的绩效考核中很有必要。

一般情况下，客户态度有3种：一是开心、称赞，说明茶馆服务人员的服务很好、很周到，令客户很满意；二是很生气，怒火中烧，颇有怨言，准备投诉，说明茶馆服务人员的服务很差，以致客户很恼火；三是有褒有贬，对茶馆服务人员做得好的地方，客户面带微笑，对于服务人员做得不好的地方，客户私下抱怨、吐槽，说明茶馆服务人员的服务质量一般。因此，可以根据客户态度对员工的服务质量进行管理。一般情况下，在员工进行服务时，以下几点做法对于客户态度有直接影响。

第一，热情。对待客户是否充满热情，面带微笑，态度和蔼。

第二，平等。对待客户是否毕恭毕敬，不以貌取人，不以有色眼光去看待客户，一视同仁，让客户有一种宾至如归的感觉。

第三，礼貌。对待客户是否注意文明礼貌，言行举止礼貌有加，不用粗言秽语对待客户，更不能辱骂客户。

第四，认真。对待客户的咨询是否仔细而认真，尽量给客户满意的解答，让客户更了解所要购买的商品，让客户买得舒心、顺心。

第五，真诚。对待客户是否真诚、有耐心，不随意打扰、催促客户，让客户有一种在家的感觉，可以更好地挑选商品。

如果客户对茶馆的服务不满意而出现投诉现象，应进行合理处理。

（1）倾听客户的意见。包括认识客户的价值，了解客户提出意见的原因等。

（2）从客户的立场来看问题。首先，要为客户建立一个畅通的投诉渠道；其次，应真诚地对客户提出的意见表示理解，理解客户的情绪；最后，尽快提出解决问题的方案，让客户可以选择，如果一时无法解决问题，就要向客户表示抱歉，诚实地向客户承诺，并给予其适当的补偿等。

（3）尽量缩小问题的影响范围。对于客户投诉，首先重在预防，其次是一旦发生，就要尽快处理，尽量将事态控制住，降低影响范围，不要因此损害茶馆的形象。

知识点 2　茶馆连锁经营现场服务绩效管理

现场服务绩效管理是指围绕为客户创造良好的消费环境而对服务人员的服务活动和服务过程进行管理。现场服务绩效管理主要包括服务人员的管理、物品和设施的管理、服务环境的营造 3 个方面的内容。茶馆连锁经营现场服务绩效管理是对茶馆里的这 3 个方面的内容进行绩效管理。

1. 服务人员的管理

（1）考勤制度。为了保证正常的工作秩序，员工必须准时上班，按时下班，不迟到、早退，不擅离职守，有事要请假并按要求办理请假手续。茶馆经理或领班要如实记录所有人员的出勤情况，考勤是员工考核、奖惩的依据之一。

（2）仪容仪表。员工应注意个人卫生，上岗前应保持面容整洁、发型自然。在服饰方面，应按季节规定统一着装，做到干净、整洁。

（3）言谈举止。站立迎送顾客时，要毕恭毕敬，面带微笑，颔首低眉。坐立时，应挺直背，不含胸驼背，不抖腿。行走时，应步履轻盈从容，不匆匆忙忙。交谈时，应热情礼貌，声音柔和。

（4）礼仪礼节。接待顾客时，应使用文明服务用语，热情周到，态度和蔼，尊重客户的习惯，了解客户的禁忌。

（5）劳动纪律。员工要准时上班，若有急事，应请假报告上级领导，经上级领导批准后方可离开。不准在服务现场吃东西，严禁酒后上岗。不能在服务现场聊天、打闹、嬉笑、大声交谈。不能随地吐痰、乱扔废弃物，严禁向客户索取消费物资或金额，不能当面或在背后议论客户。

2. 物品和设施的管理

（1）物品管理。茶馆里的物品要由专人负责，专人专管，做到岗位清楚、权责明确。设施和用具要定期检查，发现问题及时处理。

（2）卫生管理。茶馆的地面要光洁、干净，不得有未清理的垃圾。大厅、房间、卫生间的墙面、墙角、窗台等处无积尘、浮土、蜘蛛网等。柜台、货架、灯架、音响、电视等地方无灰尘、污渍，茶具、餐具无污渍，吧台上的物品摆放整齐。对出现问题的员工，茶馆经理或领班要随时提醒其注意个人卫生。对员工进行卫生知识培训，帮助他们养成良好的卫生习惯。茶馆经理或领班要经常检查卫生工作的落实情况，对存在的问题要提出改进意见和要求。

（3）安全管理。做好安全教育和安全培训，使员工熟悉安全措施和消防设施的使用方法。根据消防安全的要求配置消防器材，并安排专人负责管理、定期检查。

3. 服务环境的营造

茶馆里的环境要做到整洁、美观、方便、安全、安静、舒适。良好的服务环境可以满足客户的需求，获得客户的好感和信任，树立良好的茶馆形象，同时会让服务人员精神焕发，工作有干劲。

知识点3　茶馆连锁经营收银服务绩效管理

在茶馆连锁经营中，收银岗位很重要，收银岗位是直接为客户提供收款服务、配合财务人员做好收支账目管理的岗位，收银服务的质量如何直接影响茶馆的形象和效益。因此，对于茶馆连锁经营的收银服务应该进行绩效管理，纳入考核。对收银员进行绩效管理，要求收银员做到以下几点。

（1）提前10分钟到岗，打卡、签到，保持面容整洁，衣冠整齐，准时参加开班前例会。

（2）打扫营业区域和吧台卫生，保持环境清洁。

（3）客人经过吧台时要礼貌问候，说"您好，欢迎光临""早上好""中午好""晚上好""周末好"等。

（4）记录好服务员为客人点茶的台号和点茶的品种、数量。

（5）在听到呼叫器呼叫时，迅速用对讲机通知雅间服务员到该房间为客人服务。

（6）及时将每一个台号的结账金额统计出来并写在单据上面。

（7）在工作岗位上，随时查看大厅的客人是否有示意等情况，并随时和服务员沟通处理。

（8）收款前认真审核服务员开出的单据，并确认金额和数量是否正确，若有错误则退还服务员，并提交经理进行误单签字，签字后错误的单据作废。

（9）若在收银时发现假币，应退还并向客户解释，进行调换。

（10）在大厅客人离开座位准备结账时，要立即示意服务员引领客户结账。

（11）结账时要唱收唱付，如"一共收您××元，找您××元，请收好。""您好！您一共消费了××元，这是账单，请您确认。"

（12）结账后，礼貌地征询客人的意见或建议，如"先生/小姐，请问您对我们的服务有什么意见或建议？请您把意见或建议留给我们，我们将及时改进，希望您下次来时我们会让您更加满意，谢谢您提出的宝贵意见！"

（13）客人离开时，提醒客人携带好随身物品，恭送客人："再见！请慢走！欢迎下次光临！"

（14）认真填写营业后的当日交款单据，做到账物相符，若出现短款，则应立即查明原因。将现金及时放入保险箱并做好当日的营业报表。

（15）严格遵守财务保密制度，必须按照指定的收银折扣、管理人员签字权限操作，不能营私舞弊、贪污，不能挪用公款。

知识点4 茶馆连锁经营服务创新绩效管理

服务创新是指在服务的过程中，服务企业应用新思想和新技术来改善和变革现有的服务流程和服务产品，提高现有的服务质量和服务效率，为顾客创造新的价值，最终形成服务企业的竞争优势。

茶馆属于饮食服务行业，以优质的服务让客户满意是茶馆连锁经营成功的关键。茶馆连锁经营服务创新要求连锁茶馆应用新思想和新技术改善茶馆的服务流程和服务产品，从而提高服务质量。茶馆连锁经营服务创新绩效管理主要从以下3个方面进行管理。

1. 不断强化茶馆员工的服务质量意识和创新意识

茶馆日常工作的中心是提高服务质量，只有让员工牢牢树立服务质量意识，坚定"客户第一"的理念，在思想和行动上认识到服务质量的重要性，将服务质量意识培养融入具体的工作岗位上，才能让茶馆员工有机会进行服务创新。

2. 建立标准化服务创新质量管理和控制体系

标准化服务是指茶馆系统地建立服务创新质量标准，并用标准来规范服务人员的行为。标准化服务的内容包括5个方面：（1）茶艺表演的动作标准，迎宾的动作标准。（2）仪容仪表、言谈举止、礼仪礼节标准。(3) 有关时间的标准，如点茶、泡茶、结账的时间要求。(4) 茶叶、茶具、茶点等的质量控制标准。(5) 茶艺员的考核标准。茶馆在建立了可行性很强颇有创新性的标准以后，通过监督来督促员工遵循标准，以全面提升茶馆的服务管理水平。另外，在执行服务标准的过程中要注意信息的反馈和分析，以便不断改进和完善、创新服务质量。

3. 采取有效的措施全面提升茶馆员工的综合素质

茶馆的服务创新关键在于员工。在招聘人才的时候，从管理人员到服务人员都要尽量招聘具有专业特长的人才，比如，具有专业特长、持有资格证的茶艺师，因为他们经过多年的专门学习和较长时间的茶艺文化熏陶，专业能力较强，在开展服务时，有自己的风格特点，有利于进行服务创新。同时，对于专业特长不明显的员工，后期可以采取措施对其进行服务技巧、茶艺等方面的技能培训，提高其服务水平。

任务实施

步骤一：组建学习任务小组

教师根据学生的学号随机划分学习任务小组，每 5~6 人为一个学习任务小组，由任务小组成员自行选举小组长。

步骤二：任务分工

由小组长组织小组成员对如何完成本模块的学习任务"开展茶馆连锁经营业务绩效管理"进行充分讨论，制订完成该学习任务的初步计划，同时小组成员之间做好任务分工。例如，可以将该任务分解为以下 4 个子任务。

(1) 茶馆连锁经营客户态度绩效管理。主要介绍影响客户态度的要点，以及处理客户投诉的方法等。

(2) 茶馆连锁经营现场服务绩效管理。主要从现场服务人员的管理、物品和设施的管理、环境的营造等 3 个方面进行介绍。

(3) 茶馆连锁经营收银服务绩效管理。主要是根据茶馆连锁经营中收银员的岗位职责和工作流程进行绩效管理方面的介绍。

(4) 茶馆连锁经营服务创新绩效管理。主要从茶馆连锁经营服务人员的意识、素质、体系创新等 3 个方面进行介绍。

步骤三：为讲演介绍做准备

小组成员做好分工后开始搜集资料，可以从网上搜寻，或去图书馆翻书查阅，或实地探访茶馆，对茶馆经营者进行访谈，把搜集的资料整理成文档，做成 PPT 或书面报告，由小组成员依次上台讲演介绍。

步骤四：评价

小组成员完成讲演任务后，可以先进行自我评价和自我分析，然后由台下的其他小组成员进行打分和评价，最后由教师进行简要点评并总结。评价内容、评价标准及各项目的分值见本书附录中的任务评价表。

任务巩固与案例分析

一、任务巩固

（1）假如一名客户反映说："服务员，我上次在这里喝的柠檬红茶里面有柠檬片，这次为什么没有了？"请问该如何应答。

（2）假如你是连锁茶馆分店的收银员，请问上班后你应如何做好收银服务工作？

二、案例分析

茶艺员的岗位职责

（1）熟悉茶馆的业务工作。

（2）服从上级领导安排，员工之间积极配合接待工作。

（3）善于运用礼貌用语和客人交谈。

（4）掌握及了解客人的需求，迎接客人到满意的座位，及时送上"迎宾水"，主动递上茶点单。

（5）迎送客人要面带微笑、主动、热情、礼貌，做到客到有迎声，客坐有招呼声，客问有应声，得到协助和表扬有致谢声，麻烦客人或工作失误有谦声，客人走时有道别声。

（6）走路要注意礼让，客过要让道，同行不抢道，迎客走在前，送客走在后，做到"请字开头，谢字不离口"。

（7）每日按时参加例会，晚上8点前做好负责区域的卫生工作。

（8）做好营业前的准备工作，备齐茶具，检查预定包厢的各项设备、设施是否齐全。

（9）按主动、耐心、热情的要求，不断完善服务工作，严格按照流程开展工作。

（10）在服务的过程当中及时更换烟灰缸，倒掉垃圾及清理桌面，保持桌面干净、整洁。

（11）要手勤、脚勤、眼勤、口勤，要在指定岗位上等候，当客户需要服务时，保证及时为客人提供服务。

（12）上班时要控制情绪，保持良好的工作心态。

（13）上班时要集中精神，不得闲谈、做与工作无关的事。

（14）员工在工作期间，若非紧急情况不得转接外来电话。

（15）员工若无工作上的需要，不得进入吧台。

（16）不得向外传播或提供与茶馆有关的资料，做好保密工作。

（17）对客户的无理言行，要婉言拒绝，不要与客户发生冲突，并及时将情况向上级汇报。

（18）遇到客人投诉时，应立即报告上级以便尽快解决问题，尽量满足客人的合理要求。

（19）妥善保管茶馆的固定资产，若发现问题，则应及时向上级领导反应。

（20）要主动配合、协助其他部门的工作，确保部门间的工作不脱节，衔接有序。

（21）接待旅游团活动时，茶艺师要听从领导安排，做到随叫随到，不得推卸、拖沓，若遇到特殊情况不能到场服务的，则应及时向领导请假。

通过阅读以上材料，谈谈茶馆服务人员如何在言谈举止方面提升茶馆的服务水平。

模块五　制定茶馆连锁发展策略

```
模块五 制定茶馆连锁发展策略
├── 任务一　分析茶馆连锁经营的总体发展战略
│   ├── 知识点1　茶馆连锁经营一体化发展战略
│   ├── 知识点2　茶馆连锁经营密集型发展战略
│   └── 知识点3　茶馆连锁经营多元化发展战略
├── 任务二　制定茶馆连锁经营营销策略
│   ├── 知识点1　茶馆连锁经营产品策略
│   ├── 知识点2　茶馆连锁经营价格策略
│   ├── 知识点3　茶馆连锁经营渠道策略
│   └── 知识点4　茶馆连锁经营促销策略
└── 任务三　制定茶馆连锁经营竞争策略
    ├── 知识点1　茶馆成本领先竞争策略
    ├── 知识点2　茶馆差异化竞争策略
    └── 知识点3　茶馆聚焦化竞争策略
```

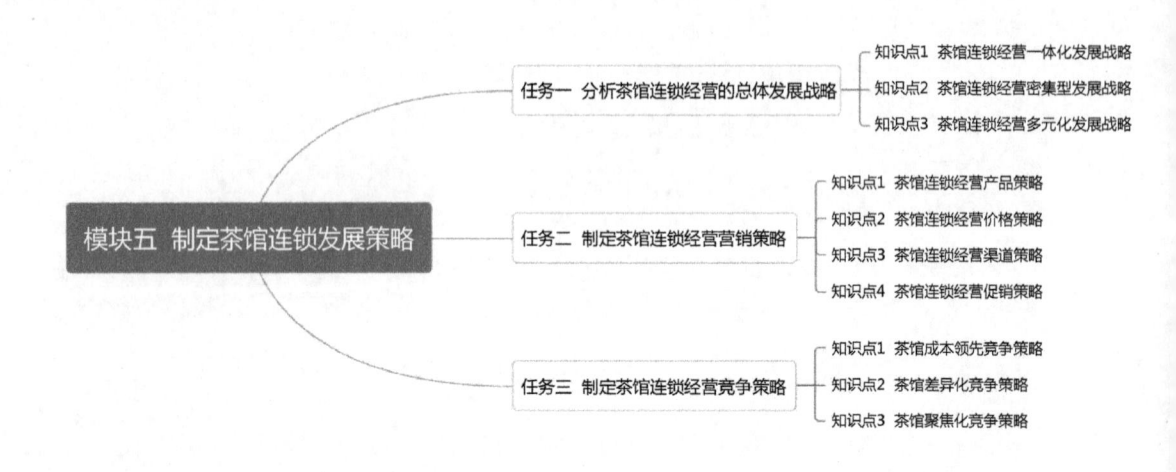

任务一　分析茶馆连锁经营的总体发展战略

【任务分析】

连锁企业战略是连锁企业整体发展的战略纲领，是企业最高管理层指导和控制企业一切活动的指南。分析茶馆连锁经营的总体发展战略有利于茶馆经营者科学地制定符合实际发展的战略，为连锁茶馆的长远发展做铺垫。一般来说，茶馆连锁经营的总体发展战略可以分为 3 种：一体化发展战略、密集型发展战略、多元化发展战略。因此，茶馆连锁经营的总体发展战略可以从茶馆连锁经营一体化发展战略、茶馆连锁经营密集型发展战略、茶馆连锁经营多元化发展战略方面进行分析。

【任务目标】

知识目标	1．了解一体化发展战略的概念和内涵 2．了解密集型发展战略的概念和内涵 3．了解多元化发展战略的概念和内涵

续表

技能目标	1. 能够根据茶馆连锁经营的实际情况，具体应用一体化发展战略 2. 能够根据茶馆连锁经营的实际情况，具体应用密集型发展战略 3. 能够根据茶馆连锁经营的实际情况，具体应用多元化发展战略
思政目标	1. 增强学生理论联系实际的能力，培养学生的大局观、整体意识、集体意识 2. 增强学生的民族自豪感、自信心、责任感，自觉树立社会主义核心价值观

任务知识点

知识点1　茶馆连锁经营一体化发展战略

1. 一体化发展战略的概念和内涵

一体化发展战略是指企业充分利用自己在产品、技术、市场上的优势，沿着纵向或横向不断扩大经营业务的深度和广度，由此扩大经营规模，提高收入和利润水平，使企业不断发展壮大。一体化发展战略可以分为纵向一体化发展战略和横向一体化发展战略。

（1）纵向一体化发展战略。纵向一体化发展战略是指连锁企业在供应链上向前或向后或同时向前、后两个方向延伸、扩展的战略，具体包括前向一体化战略、后向一体化战略和双向一体化战略。

① 前向一体化战略。对于连锁企业而言，由于在整个商品供应链条上的零售商是销售的终端，直接面对客户进行服务，因此其前向一体化战略是向客户延伸的，具体体现为会员制，或者成为客户的服务、产品顾问，使这些客户成为终身客户。

② 后向一体化战略。对于连锁企业而言，后向一体化战略是向供应链的上游环节进行延伸扩展的战略，比如，开设批发业务或直接介入某些商品的制造业务等。

③ 双向一体化战略。对于连锁企业而言，双向一体化战略是指连锁茶馆企业同时向供应链上游和终端延伸扩展的战略。

（2）横向一体化发展战略。横向一体化发展战略又称水平一体化战略，是指连锁企业开展某些与当前业务相互竞争或相互补充的活动，如开设新店、购并竞争对手、开设或购并其他业态的零售店铺。

2. 一体化发展战略的利益和风险

一体化发展战略的利益主要体现在以下几个方面。

（1）通过联合采购、生产、销售等业务流程可以实现经济性，不仅可以提高企业的运营效率，而且可以有效地降低交易成本和稳定交易关系，使企业获得规模经济效益。

（2）它提供了进一步熟悉业务上游或下游相关技术的机会，这种信息技术的获得对原有业务的开拓和发展非常重要，有利于扩大服务范围。

（3）确保企业在产品、原材料等供给紧缺时得到充足的供应，或在产品需求较低时获得一个产品输出渠道，使企业有固定的供应渠道和销售对象。

一体化发展战略的风险主要有以下几点。

（1）纵向一体化发展战略延伸了企业的价值链，从而延长了整个企业的资金周转期，同时行业的环境波动会引起企业内部整个价值链的波动，增加了企业的经营风险。

（2）纵向一体化发展战略封闭了获得供应商或客户研究技能的通道，切断了来自他们的信息流动。一般供应商愿意在技术研究和生产操作上积极支持企业，但是通常采用一体化发展战略的企业必须承担发展技术的任务。

（3）企业的全面退出壁垒加高，降低了企业转变的灵活性。学术界亦有对企业实施一体化发展战略持相当谨慎的观点，认为"除非在必要情况下，企业一般不要采用纵向一体化发展战略，因为该战略代价昂贵、具有风险并且难以维持"。另外，随着当代经济全球化趋势不断增强，更多的因素似乎不支持企业纵向一体化发展战略，于是有学者提出关于纵向一体化发展战略的一个比较极端的论断：纵向瓦解将成为普遍的趋势。

因此，处于成长期的企业应根据自身的实际情况、发展时机，谨慎决策是否开展扩张战略及选择何种扩张战略，既不应盲目跟风，也不应全盘否定、一味排斥。

3. 一体化发展战略的应用

（1）实行会员制，给予办卡会员优惠价，使这些会员成为终身客户。

（2）将茶馆业务向上延伸，拓展茶叶生产业务，生产特色茶叶，这样可以降低茶馆的茶叶采购成本，保证各连锁茶馆有稳定的供货来源。

（3）根据茶馆整体发展的战略布局，开设新的连锁茶馆分店，增强连锁茶馆分店的规模效益。

（4）进行兼并，购并同类连锁茶馆，扩大经营规模。

知识点2　茶馆连锁经营密集型发展战略

1. 密集型发展战略的概念和内涵

密集型发展战略是指连锁企业在原有的产品和服务范围内，充分利用现有的人员、产品和服务方面的潜力来求得市场成长的战略。它是将企业的营销目标集中到某一特定的细分市场，这一特定的细分市场可以是特定的客户群，可以是特定的地区，也可以是特定用途的产品等。由于企业目标更加聚焦，可以集中精力追求降低成本和差异化，使自身的竞争优势更强。就是在原来的业务领域里，加强对原有产品与市场的开发与渗透来寻求企业未来发展机会的一种发展战略。这种战略的重点是加强对原有市场或原有产品的开发。

密集型战略包括市场渗透战略、市场开发战略、产品开发战略。

（1）市场渗透战略。市场渗透战略是指连锁企业的现有产品和服务在原有市场上进一步渗透，扩大销量，是一种稳扎稳打、步步为营的战略。连锁企业可以努力使现有客户购买更多的现有产品或接受更多的服务，或者通过定价、产品差异化和各种促销手段把客户从竞争对手那里抢过来，或者设法吸引从来没有来过商场购物的客户来购物。当然市场渗透的难易取决于市场的状况和企业的竞争地位。

（2）市场开发战略。市场开发战略是指连锁企业用现有的模式开设新店或采取新的方法扩大现有店铺的商圈范围，从而实现增长。

（3）产品开发战略。产品开发战略是指连锁企业采用引进新商品或购进、改进现有商品的方式来增加企业在原有市场上的销售量。

2. 密集型发展战略的利益和风险

应该指出，上述 3 种竞争类型对于一个企业来讲，同时采用是有一定困难的，因为这 3 种竞争类型不论是在管理上，还是在行动方式上都有很大的差别，而且适宜采取某种类型的条件不同。但是，企业只要能准确掌握竞争对手的竞争类型，并把握它的发展变化方向，就不会使自己处于窘迫的境地。

采用密集型发展战略的前提是，企业业务的专一化能以更高的效率和更好的效果为某一狭窄的细分市场服务，从而超越在较广阔范围内竞争的对手们。这样可以避免大而弱的分散投资局面，容易形成企业的核心竞争力。

一般企业实施集中型战略的原因在于以下几个方面。

（1）在相关市场内缺少一个完善的产品系列。

（2）通往相关市场或在相关市场内的销售渠道体系不完整或不健全。

（3）现有的市场潜力没有得到充分利用。

（4）竞争对手存在销售缺口。

但是运用单一产品或服务扩张战略的风险较大，因为一旦企业的产品或服务的市场萎缩，企业就会面临困境。

3. 密集型发展战略的应用

（1）通过产品差异化和各种节日促销手段吸引客户来茶馆里消费。

（2）通过在某一区域集中开设茶馆分店，充分发挥茶馆有限的广告投入、配送能力在该区域的作用，扩大茶馆在附近商圈的影响力，获得在区域内的竞争优势。

（3）增加新的茶叶和茶点品种，或者改进泡茶技术，增加茶馆的消费量。

（4）瞄准某些特定的茶客群，调查和了解他们的消费需求，为他们提供有效的特色产品和服务。

知识点 3　茶馆连锁经营多元化发展战略

1. 多元化发展战略的概念和内涵

多元化发展战略又称多样化发展战略，是指连锁企业为了占领更多的市场或避免经营单一的风险，而选择进入新领域的战略。多元化发展战略的一个显著特点是使连锁企业突破某一个行业，在多个行业中谋求发展。

多元化发展战略包括不相关多元化战略和相关多元化战略。

(1) 不相关多元化战略。一般企业的优势在于行业经验和技术的积累，以及现有市场。选择不相关多元化战略意味着企业不能运用现有的优势资源，一切重新开始，包括摸索行业情况、市场开发等。如果行业选择正确、后期经营恰当的话，企业就可以迅速盈利，但这种状况对刚进入陌生行业的后来者来说很难实现。

进入不带来战略匹配价值和协同效应的经营领域对于一般企业来说不是明智的选择。

根据对100家中国企业的初步研究显示，中国企业扩张失败的第一个因素就是不相关多元化，不相关多元化可能是一条企业的快速成长之路，也是一条充满风险的发展之路。而且如果企业的实力较弱，重新开拓新的市场就会带来资金压力，也没有力量直接兼并成形的企业，利用其现有的资源。

(2) 相关多元化战略。相关多元化战略是指进入与企业现在的业务在价值链上拥有竞争性的、有价值的战略匹配关系的新业务。战略匹配关系存在于价值链非常相似而且能够为企业的以下几个方面带来不同机会的经营业务之间。这些方面包括技术分享，对相同的供应商形成更强的讨价还价力量，分享共同的销售渠道和销售力量，使用共同的销售机构和同样的批发商、零售商，联合售后服务，共同创建或使用同一商标，将具有竞争力的、有价值的技术或生产能力从现有业务转移到刚刚进入的业务中，合并相同或相似的价值链活动以获得更低的经营成本。

相关多元化战略是一种使用最多、最有吸引力的扩张战略，因为它创造了将存在于不同的经营业务价值链之间的战略匹配关系转变成竞争优势的机会。当一个企业实施多元化战略进入存在于以下机会的经营领域时，就相当于尚未进行多元化经营或多元化经营方式还未能给企业带来战略匹配利益的竞争对手们获得了竞争优势。

这些机会有以下几种。

① 将专有的领先技能、技术或生产能力由一种经营转到另一种经营中去。
② 合并不同经营业务的相关活动，降低经营成本。
③ 在新进入的经营业务中借用企业原有的品牌信誉。
④ 能够为自身营造有价值的竞争能力的协作方式而进行相关的价值链活动。

一家多元化经营的企业其各业务之间的相关性越大，通过技术移植和合并相关的价值链活动来降低经营成本的机会，以及协同创造新资源能力和生产能力的机会越大，创建竞争优势的窗口越大。

获取战略匹配利益多元化经营的企业能够获得比各种业务分别采用独立战略所获得的总和还要大的业绩。

企业成功实施多元化战略的前提是积极寻求相近的价值链配对点并有效组合相似的业务。

2. 多元化发展战略的利益和风险

(1) 多元化发展战略的利益。对于连锁企业而言，多元化发展战略可以帮助企业实现范围经济，能够分散企业的经营风险、拓展企业的增长空间等。

（2）多元化发展战略的风险。对于连锁企业而言，多元化发展战略有可能会使连锁企业分散经营资源，可能给连锁企业的管理增加难度，也可能导致出现连锁企业管理运作费用提高等风险。

3. **多元化发展战略的应用**

茶馆连锁经营若实施多元化发展战略，则要具体把握好以下4个选择。

（1）选择好时机。时机不成熟或错过了时机都会造成战略上的被动。过早进入市场，会因为企业准备不足而出现问题；过晚进入市场，会因为延误战机而导致进入失败。

（2）选择好领域。企业进入新的经营领域时，在把握好时机的同时应注意选择好要进入的领域。进入的领域尽量与茶馆的主营业务相关，或者是茶馆里有领先技术的领域。

（3）选择好次序。这是指企业在进入新的经营领域时应该有一个周密而细致的计划。先进入哪个产业，站稳后再进入哪个产业，应该有一个详细的计划。

（4）选择好方式。企业进入新的经营领域可以采用许多方式。是自己设立新的企业还是并购；是与其他企业结盟还是控股或参股，这些不应该是随意的，企业要根据自身发展战略目标的总体要求和企业的实际情况慎重决策。

任务实施

步骤一：组建学习任务小组

教师根据学生的学号随机划分学习任务小组，每5~6人为一个学习任务小组，由任务小组成员自行选举小组长。

步骤二：任务分工

由小组长组织小组成员对如何完成本模块的学习任务"分析茶馆连锁经营的总体发展战略"进行充分讨论，制订完成该学习任务的初步计划，同时小组成员之间做好任务分工。例如，可以将该学习任务划分为以下3个子任务。

（1）茶馆连锁经营一体化发展战略。主要介绍一体化发展战略的概念、内涵，采用一体化发展战略的利益和风险，以及茶馆连锁经营一体化发展战略的应用。

（2）茶馆连锁经营密集型发展战略。主要介绍密集型发展战略的概念、内涵，采用密集型发展战略的利益和风险，以及茶馆连锁经营密集型发展战略的应用。

（3）茶馆连锁经营多元化发展战略。主要介绍多元化发展战略的概念、内涵，采用多元化发展战略的利益和风险，以及茶馆连锁经营多元化发展战略的应用。

步骤三：为讲演介绍做准备

小组成员做好分工后开始搜集资料，可以从网上搜寻，或去图书馆翻书查阅，或实地探访茶馆，对茶馆经营者进行访谈，把搜集的资料整理成文档，做成PPT或书面报告，由小组成员依次上台讲演介绍。

步骤四：评价

小组成员完成讲演任务后，可以先进行自我评价和自我分析，然后由台下的其他小组成员进行打分和评价，最后由教师进行简要点评并总结。评价内容、评价标准以及各项目的分值见本书附录中的任务评价表。

任务巩固与案例分析

一、任务巩固

（1）茶馆连锁经营一体化发展战略有哪些益处和风险？

（2）茶馆连锁经营多元化发展战略有哪些益处和风险？

（3）茶馆连锁如何实施密集型发展战略？

二、案例分析

2000年以来，中国茶馆业进入高速发展阶段。据不完全统计，在中国茶馆业发展高峰时期，全国以茶为主体的空间、茶馆至少有10万家。2020年新冠肺炎疫情暴发以来，作为以提供空间服务为主的茶馆业遭受到了重创，有的茶馆选择了关闭，有的茶馆在探索新的经营业态，有的茶馆在提升管理水平。期间，涌现了一些经得住考验、探索出生存之道、在疫情之下经营业绩不降反升的茶馆，比如，王府井茶楼、瓦库茶馆，他们的实战经验将为茶空间（茶馆）行业带来启示。

王府茶楼：私域流量让会员"活"起来

2005年，第一家北京王府茶楼开业。截至2022年6月，王府茶楼共有3家连锁店、4000名会员，其中外地会员占了将近一半。自发生新冠肺炎疫情以来，由于出行受限，会员的到店次数明显减少，如何激活会员，加强与会员的互动？王府茶楼通过现代化技术手段，将1200名会员转换为私域用户，形成了私域流量，为营销服务打下了坚实的基础。据相关工作人员介绍，私域流量为王府茶楼服务客户带来了三大直接好处：一是与客户建立了信任，增加了客户黏度；二是随时可以倾听客户的服务需求，提高服务质量；三是大大提升了产品的复购率。

王府茶楼除供应茶饮外，还销售茶叶和全茶宴。私域流量形成后，王府茶楼的茶叶复购率提升了32%。与此同时，私域流量还带动了会员之间的相互沟通，大大提升了王府茶楼的美誉度和成交量。2022年3月，王府茶楼推出了全茶宴，每一道菜、每一份酒水、每一份主食里都含有茶，还能讲出茶的故事。2022年5月至6月，北京餐饮业暂停堂食服务，王府茶楼推出了外卖茶宴服务，送货上门。仅在1个月零5天的时间里，王府茶楼茶宴的销售额相当于2021年全年的销售额，这主要得益于私域流量带来的益处。

作为一家在北京创办17年的茶馆，王府茶楼在全国茶馆界以"服务"和"家文化"赢得口碑。针对常态化新冠肺炎疫情防控，未来，王府茶楼将采取"一体两翼"，即以线下茶楼体验销售为"主体"、以积累私域流量和建立私域空间为"两翼"的销售方式来推动茶馆行业发展。

瓦库茶馆：空间价值的最大化

2004年，首家瓦库茶馆在陕西省西安市开业，之后在全国8个省16个城市陆续开了28家连锁店。瓦库茶馆不仅经受了新冠肺炎疫情的考验，还交出了一份亮眼的业绩单。自2020年发生新冠肺炎疫情以来，瓦库茶馆的营业额保持持续增长的态势。2020年第三季度，瓦库茶馆创下了有史以来的最高营业额。更令人惊喜的是，自发生新冠肺炎疫情以来瓦库茶馆已经新开了4家分店，2022年下半年还将有3家分店正式开业运营。

瓦库茶馆从成立起，就坚持一个宗旨且18年没有改变——"瓦库，一个喝茶的地方。"瓦库茶馆始终将空间打造为茶馆的第一核心竞争力，28家连锁店，每一家连锁店都按照一件独立艺术品来设计，使用的材料始终围绕土、木、砖、瓦、石，坚持阳光、空气、绿色的设计理念，为客户提供一个有温度、有情感的空间。走进瓦库茶馆的客户更看重的是对空间的体验感。在发生新冠肺炎疫情前，瓦库茶馆的客户大多是40～55岁的商务人士。在发生新冠肺炎疫情后，"90后"逐渐成为瓦库茶馆的消费主力军。瓦库茶馆经过调研发现，经历过新冠肺炎疫情后，这些人群更加注重空间的体验感，舒适性、安全性成为他们的首要关注点。

如何让空间发挥最大价值？除提供生态有机的茶品和简餐外，瓦库茶馆还赋予了空间更多的文化属性，让茶馆成为文化的艺术空间及美学的生活空间。瓦库茶馆通过库里艺术馆、金像小屋、瓦库朗读、园艺美学四大板块，让走进瓦库的客户实现生活的艺术化、艺术的生活化。比如，其每家分店每年会做4次公益性艺术品展览，涵盖摄影、油画、国画、雕塑等不同的艺术门类；每个月会开展1期公益性瓦库朗读文学作品品读沙龙。通过这些活动增加了瓦库茶馆与客户的黏性，赋予空间文化属性。目前，已经举办瓦库文化活动100余场，实现了近300万人到瓦库茶馆参观、欣赏。这些高品质的文化艺术活动受到了社会的广泛关注和客户的高度认可，支撑起了瓦库茶馆的品牌，文化正在成为瓦库茶馆的又一核心竞争力。

通过阅读以上材料，分析王府茶楼和瓦库茶馆在总体发展战略方面有哪些可借鉴之处。

任务二　制定茶馆连锁经营营销策略

【任务分析】

在茶馆连锁经营中，营销是一个非常重要的方面，做好营销工作有利于提高茶馆的知名度和客流量，从而提高茶馆的经营效益。要做好连锁茶馆的营销工作，应了解和掌握制定营销策略方面的专业知识。

1960年，美国市场营销专家杰罗姆·麦卡锡在人们营销实践的基础上，提出了4P营销策略组合理论，"4P"即产品（Product）、定价（Price）、渠道（Place）、促销（Promotion）。因此，茶馆连锁经营营销策略的制定可以借鉴这个理论，从产品策略、定价策略、渠道策略、促销策略4个方面入手。

【任务目标】

知识目标	1. 了解茶馆连锁经营产品策略的基础知识 2. 了解茶馆连锁经营价格策略的基础知识 3. 了解茶馆连锁经营渠道策略的基础知识 4. 了解茶馆连锁经营促销策略的基础知识
技能目标	1. 能够根据茶馆的实际情况，制定茶馆连锁经营产品策略 2. 能够根据茶馆的实际情况，制定茶馆连锁经营价格策略 3. 能够根据茶馆的实际情况，制定茶馆连锁经营渠道策略 4. 能够根据茶馆的实际情况，制定茶馆连锁经营促销策略
思政目标	1. 树立"以客户为中心"的服务理念，增强服务意识 2. 爱岗敬业、诚信经营，增强职业道德和社会责任意识 3. 学会互惠互利、合作共赢，培养团队合作精神

任务知识点

知识点 1　茶馆连锁经营产品策略

1. 产品策略的概念

产品策略是指企业向市场提供的与产品有关的策划和决策。消费者需求的满足必须通过提供某种产品或服务来实现，产品策略是市场营销组合策略中的首要部分。

2. 根据产品生命周期制定产品策略

产品生命周期简称 PLC，是指产品的市场寿命，即一种新产品从开始进入市场到被市场淘汰的整个过程。产品生命周期要经历导入期、成长期、成熟期、衰退期，如图 5-1 所示。产品生命周期是一个很重要的概念，它和企业制定产品策略及营销策略有直接联系。管理者要想使他的产品有一个较长的销售周期，以赚取足够的利润来补偿在推出该产品时所做出的一切努力和经受的一切风险，就必须认真研究和运用产品生命周期理论。

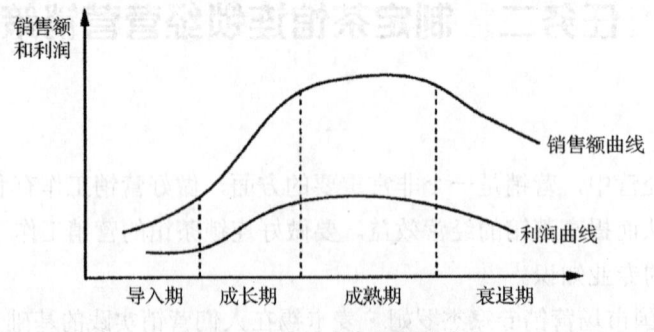

图 5-1　产品生命周期曲线

（1）导入期。产品导入期一般是指新产品试制成功到进入市场试销的阶段。在产品导入期，由于消费者对产品十分陌生，企业必须通过各种促销手段把产品引入市场，力争提高产品的市场知名度。同时，因导入期的生产成本和销售成本相对较高，企业在给新产品定价时不得不考虑这个因素，所以，在产品导入期，企业营销的重点主要集中在促销和价格方面。一般有4种可供选择的策略。

① 高价快速策略。这种策略的要点是采取高价格的同时，配合大量的宣传推销活动，把新产品推入市场。其目的在于先声夺人，抢先占领市场，并希望在竞争还没有大量出现之前就能收回成本，获得利润。适用这种策略的市场环境有以下3种。

第一种，必须有很大的潜在市场需求量。

第二种，这种商品的品质特别高，功效比较特殊，很少有其他商品可以替代。消费者一旦了解这种商品，就愿意出高价购买。

第三种，企业面临着潜在竞争对手，想快速地建立良好的品牌形象。

② 选择渗透策略。这种策略的特点是在采用高价格的同时，做出很少的促销努力。高价格的目的在于能够及时收回投资，获取利润，低促销的方法可以减少销售成本。这种策略主要适用于以下3种情况。

第一种，商品的市场比较固定、明确。

第二种，大部分潜在消费者已经熟悉该产品，他们愿意出高价购买。

第三种，商品的生产和经营必须有相当的难度和要求，普通企业无法参与竞争或由于其他原因使潜在竞争不激烈。

③ 低价快速策略。这种策略的实施方法是在采用低价格的同时做出巨大的促销努力。其特点是可以使产品迅速进入市场，有效地限制竞争对手的出现，为企业带来巨大的市场占有率。该策略的适用性很广泛，适用该策略的市场环境有以下3种。

第一种，产品有很大的市场容量，企业渴望在大量销售产品的同时逐步降低成本。

第二种，消费者对这种产品不太了解，对其价格十分敏感。

第三种，潜在竞争比较激烈。

④ 缓慢渗透策略。这种策略的实施方法是在新产品进入市场时采取低价格，同时不做大的促销努力。低价格有助于市场快速地接受产品，低促销的方法能使企业减少开支，降低成本，以弥补低价格造成的低利润或亏损。适用这种策略的市场环境有以下3种。

第一种，产品的市场容量大。

第二种，消费者对商品有所了解，同时对价格十分敏感。

第三种，存在某种程度的潜在竞争。

（2）成长期。产品成长期是指新产品试销取得成功以后，转入成批生产和提高市场销售额的阶段。在产品成长期，越来越多的消费者开始接受并使用产品，企业的销售额直线上升，利润增加。在此情况下，竞争对手纷至沓来，威胁企业的市场地位。因此，在产品成长期，企业的营销重点应该放在保持并且扩大市场份额，加速提升销售额方面。另外，企业必须注意成长速度的变化，一旦发现企业的成长速度由递增变为递减时，必须适时调整策略。这一阶段可以采用的具体策略有以下6种。

第一种，积极筹措和集中必要的人力、物力和财力，进行基本建设或技术改造，以利于迅速增加或扩大生产批量。

第二种，改进商品的质量，增加商品的新特色，在商标、包装、款式、规格和定价方面做出改进。

第三种，进一步开展市场细分，积极开拓新市场，开发新客户，以利于扩大销售。

第四种，努力疏通并增加新的流通渠道，扩大产品的销售面。

第五种，改变企业的促销重点。例如，在广告宣传上，从介绍产品转为树立形象，以利于进一步提高企业产品在社会上的声誉。

第六种，充分利用价格手段。在产品成长期，虽然市场需求量较大，但是在适当时企业可以降低价格，以增加竞争力。当然，降低价格可能会暂时减少企业的利润，但是随着市场份额的扩大，长期利润可望增加。

（3）成熟期。产品成熟期是指产品进入大批量生产，在市场上处于竞争最激烈的阶段。通常这一阶段比前两个阶段持续的时间更长，大多数商品均处在该阶段，因此管理层大多数是在处理成熟产品的问题。

在产品成熟期，应该放弃有些弱势产品，以节省费用开发新产品，但是同时要注意原来的产品可能还有发展潜力，有些产品就是由于开发了新用途或新功能而重新进入新的生命周期的。因此，企业不应该忽略或仅仅是消极地防卫产品的衰退。一种优越的攻击往往是最佳的防卫。企业应该系统地考虑市场、产品及营销组合的修正策略。

① 市场修正策略是通过努力开发新市场来保持和扩大商品的市场份额，主要包括以下4个方面。

第一，通过努力寻找市场中未被开发的部分，比如，使产品非使用者转变为产品使用者。

第二，通过宣传推广促使消费者更频繁地使用或每次使用更多的量，以增加现有消费者的购买量。

第三，通过市场细分努力进行新的市场区划，比如，地理、人口、用途的细分。

第四，赢得竞争者的客户。

② 产品改良策略。企业可以通过产品特征改良来提高销量。品质改良是增加产品的功能性效果，比如，耐用性、可靠性、速度及口味等；特性改良是增加产品的新的特性，比如，产品的规格大小、重量、材料质量、添加物及附属品等；式样改良是增加产品美感上的需求。

③ 营销组合调整策略是企业通过调整营销组合中的某一种因素或多种因素以刺激销售，比如，通过降低价格来加强竞争力；改变广告方式以引起消费者的兴趣；采用多种促销方式，比如，大型展销、附赠礼品等；扩展销售渠道，改进服务方式或货款结算方式等。

（4）衰退期。产品衰退期是指产品逐渐老化，转入产品更新换代的时期。当进入产品衰退期时，企业不能简单地一弃了之，也不能一味地维持原有的生产和销售规模。企业必须研究产品在市场上的真实地位,然后决定是继续经营,还是放弃经营。

① 维持策略是企业在目标市场、价格、销售渠道、促销等方面维持现状。由于在这一阶段中,很多企业会先行退出市场,因此,对一些有条件的企业来说,不一定会减少销售量和利润。使用这一策略的企业可搭配延长产品生命周期的策略,企业延长产品生命周期的策略包括多方面的内容,主要体现在以下4个方面。

第一种,通过价值分析,降低产品成本,以利于进一步降低产品价格。

第二种,通过科学研究增加产品功能,开辟新的产品用途。

第三种,加强市场调查研究,开拓新市场,创造新内容。

第四种,改进产品设计,以提高产品性能、质量、包装、外观等,从而使产品生命周期不断实现再循环。

② 缩减策略是指企业仍然留在原来的目标上继续经营,但是根据市场变动的情况和行业退出障碍水平在规模上进行适当的收缩。如果把所有的营销力量集中到一个或几个细分市场上,以加强这一个或几个细分市场的营销力量,可以大幅度降低市场营销的费用,以增加当前的利润。

③ 撤退利润是指企业决定放弃经营某种商品以撤出该目标市场。在撤出目标市场时,企业应该主动考虑以下3个问题。

第一,将进入哪一个新区划,经营哪一种新产品,可以利用以前的哪些资源。

第二,品牌及生产设备等残余资源如何转让或出卖。

第三,保留多少零件存货和服务以便在今后为过去的客户服务。

3. 根据新产品的类型制定产品策略

不断开发新产品才能使企业在激烈的市场竞争中永葆活力。新产品一般可以分为4类:一是全新型产品,即采用新技术、新材料及新工艺制造的过去从未有过的产品,与老产品相比是完全质变。二是换代型新产品,即部分新产品,是指部分采用新技术、新材料制成,性能有重大突破或改进的产品,与旧产品相比是部分质变。三是改进型新产品,即在原有产品基础上对材料、结构、性能、造型及包装等进行改进的产品,与旧产品相比是一种量变。四是模仿型新产品,即模仿市场上已有的产品性能、工艺而推出的新产品。

在茶馆连锁经营中,可以根据新产品的类型制定具体的产品策略,具体如下。

(1)领先策略,即抢先于其他茶馆开发出新产品并投放市场,使某种产品处于市场领先地位,并以此扩大市场占有率。

(2)跟随超越策略,即善于利用外界条件,以模仿引进和自行研制相结合的方式开发新产品,占领市场。

(3)更新换代策略,即在旧产品的基础上,采用新技术、新材料、新工艺开发具有更高性能的新产品。

(4)系列延伸策略,即根据消费者在使用某一种新产品时所产生的相关需要而推出一系列特定的配套产品。

知识点 2　茶馆连锁经营价格策略

1. 价格策略的概念和内涵

价格策略是企业根据购买者的支付能力和效用情况，结合产品的成本，选定一种既能吸引消费者又能实现最大利润的定价办法。价格策略是一种近代的观念，源于 19 世纪末大规模零售业的发展中。在大多数情况下，价格是买者做出选择的主要决定因素，不过在最近的 10 年里，在买者选择行为中非价格因素已经变得相对更重要了。但是，价格仍是决定公司市场份额和盈利率的重要因素之一。在营销组合中，价格是唯一能产生收入的因素，其他因素表现为成本。

价格是企业竞争的主要手段之一，企业除了要根据不同的定价目标选择不同的定价方法，还要根据复杂的市场情况采用灵活多变的方式来确定产品的价格。

2. 影响产品价格的因素

在实践活动中，产品的价格受多种因素的影响，具体有以下 4 种。

（1）产品的成本。这是定价的基础因素和依据。茶馆里茶水的定价由茶叶成本、人工成本、租金成本等综合因素确定。

（2）供求关系及其变化。在一般情况下，当产品供过于求时，价格下降；当产品供不应求时，价格上升。

（3）政府的物价政策。企业在制定产品价格时必须遵循国家的有关政策和法律法规。

（4）产品的特点。产品的自身属性，比如，种类、标准化程度、易腐易毁和季节性、时尚性、产品生命周期等是企业制定价格时必须考虑的因素。茶馆在给茶水定价时，要考虑茶叶的种类和季节性等因素。

3. 定价策略

（1）新产品定价策略。

① 有专利保护的新产品定价可采用撇脂定价法和渗透定价法。

撇脂定价法是在新产品上市之初，将价格定得较高，在短期内获取厚利，尽快收回投资。就像从牛奶中撇取所含的奶油一样，取其精华。

这种定价法适合需求弹性较小的细分市场，其优点是：在新产品上市，消费者对其无理性认识时，利用较高的价格可以提高产品定位，适应消费者求新心理，有助于开拓市场；主动性大，在产品成熟期，价格可分阶段逐步下降，有利于吸引购买者；价格高，限制需求量迅速增加，使其与生产能力相适应。缺点是：获利大，不利于扩大市场，会很快引来竞争者，迫使价格下降，好景不长。

渗透定价法是在新产品投放市场时，价格定的尽可能低一些，其目的是获得最高的销售量和拥有最大的市场占有率。

当新产品没有显著特色，竞争激烈，需求弹性较大时宜采用渗透定价法。其优点是产品能迅速被市场所接受，打开销路，增加产量，使成本随生产发展而下降；低价薄利使竞争者望而却步、减缓竞争，获得一定的市场优势。

对于企业来说，要采取撇脂定价法还是渗透定价法，需要综合考虑市场需求、竞争、供给、市场潜力、价格弹性、产品特性、企业发展战略等因素。

② 仿制品的定价。仿制品是企业模仿国内外市场上的畅销货而生产出的新产品。仿制品面临着产品定位问题，就新产品的质量和价格而言，有9种可供选择的战略，即优质优价、优质中价、优质低价、中质高价、中质中价、中质低价、低质高价、低质中价、低质低价。

（2）心理定价策略。心理定价是根据消费者的消费心理活动变化来定价，具体有以下几种方式。

① 尾数定价或整数定价。许多商品的价格宁可定为0.98元或0.99元，也不定为1元，这是适应消费者购买心理的一种取舍，尾数定价使消费者产生一种价廉的错觉，价格定为0.98元或0.99元比定为1元反应积极，更能促进销售。相反，有的商品不定价为9.8元，而定为10元，同样使消费者产生一种错觉，是为了迎合消费者"便宜无好货，好货不便宜"的心理。

② 声望性定价。此种定价法有两个目的：一是提高产品形象，以价格说明其名贵；二是满足购买者的地位欲望，适应购买者的消费心理。

③ 习惯性定价。由于某种产品同类多，在市场上形成了一种习惯价格，个别生产者难于改变。降价易引起消费者对产品品质的怀疑，涨价则可能会受到消费者的抵制。

（3）折扣定价策略。大多数企业通常酌情调整其基本价格，以鼓励消费者及早付清货款、大量购买或增加淡季产品的购买量。这种价格调整叫价格折扣或价格折让。

① 现金折扣是对及时付清账款的购买者的一种价格折扣。例如，2/10净30表示付款期是30天，如果在成交后10天内付款，给予2%的现金折扣。许多行业习惯采用此法以加速资金周转，减少收账费用和坏账。

② 数量折扣是企业给那些大量购买某种产品的消费者的一种折扣，以鼓励消费者购买更多的货物。大量购买产品能使企业降低生产、销售等环节的成本，例如，消费者购买某种产品，购买量为100单位以下，每单位的价格为10元；购买量为100单位以上，每单位的价格为9元。

③ 职能折扣也叫贸易折扣，是制造商给予中间商的一种额外折扣，使中间商可以获得低于目录价格的价格。

④ 季节折扣是企业鼓励消费者在淡季购买产品的一种减让，使企业的生产和销售在一年四季保持相对稳定。

⑤ 推广津贴是指为扩大产品销路，生产企业向中间商提供的促销津贴，比如，零售商为企业产品刊登广告或设立橱窗，生产企业除负担部分广告费外，还在产品价格上给予一定的优惠。

（4）歧视定价（差别）策略。企业往往会根据不同顾客、不同时间和不同场所来调整产品价格，实行差别定价，即对同一产品或劳务定两种或多种价格，但这种差别不反映成本的变化,其主要有以下 4 种形式。①对不同的消费者群制定不同的价格。②不同的花色品种、式样的产品制定不同的价格。③产品不同的部位制定不同的价格。④不同的时间制定不同的价格。实行歧视定价的前提条件是,市场必须是可细分的且各个细分市场的需求强度是不同的;商品不可能转手倒卖;高价市场上不可能有竞争者削价竞销;不违法;不引起消费者的反感。

(5)地理定价策略。地理定价策略是指根据地理位置的差异制定不同价格的策略,比如,产地交货价格、目的地交货价格、统一交货价格、分区定价等。

知识点 3 茶馆连锁经营渠道策略

1. 渠道策略的概念和内涵

渠道策略是指企业如何合理地选择产品从生产者顺利转移到消费者的途径。对于茶馆而言,茶产品在从生产者流向消费者的过程中,要经过的或多或少的中间环节就是渠道。渠道在营销中扮演着重要的角色,具有收集和传播信息、促进销售、整理产品、储存运输、资金融通等功能。

数据显示,2021 年中国消费者选购茶叶排名前 3 位的渠道分别是电商平台(56.0%)、茶叶专卖店(55.0%)和线下商超(48.6%),如图 5-2 所示。茶叶专卖店和线下商超作为传统的茶叶销售渠道,具有分布广、选购产品较为直观等优势,因此具有较强的市场竞争力。同时,随着直播电商、社交电商等业态的发展,电商平台逐渐发展成消费者选购茶叶的重要途径,这种选购茶叶的渠道具有品种丰富、购买方便等特点,受地域性的限制较少,消费者可以购买到来自全国甚至世界各地的不同品种的茶叶,因此受到较多消费者的青睐。

图 5-2 2021 年中国消费者选购茶叶的渠道

2. 渠道策略的选择

渠道策略主要包括直接渠道、间接渠道、长渠道、短渠道、宽渠道、窄渠道、单一渠道、多渠道、传统渠道及垂直渠道等。在具体应用过程中，茶馆连锁经营需要结合实际情况选择合适的渠道策略，才能取得更好的营销成绩。渠道策略的具体内容如下。

（1）直接渠道或间接渠道。这是最常见的营销渠道，直接渠道是指没有任何中间商参与其中，由生产者直接将产品销售给消费者；间接渠道是指产品要通过中间商才能到达消费者手中。消费者需求因素对决定厂家是采用直接渠道销售还是采用间接渠道销售会产生较大的影响。

（2）长渠道或短渠道。长渠道是指至少经过两道中间环节才能到达消费者手中；短渠道是指不用经过过多的环节，一般只经过一道中间环节即可到达消费者手中。长渠道的优点是市场覆盖面大，可以减轻厂商费用、管理与风险压力；缺点是厂家对渠道的控制力弱，厂家对经销商协调的工作量增加，同时，服务水平决定中间商服务的差异化影响，也会因经销商的忠诚度不够造成厂家市场发展与控制的被动。短渠道的优点是厂家对渠道和终端的控制力强，市场管理与控制的基础好；缺点是厂家承担大部分的渠道功能费用，市场投入资源较多，费用较高，同时厂家市场覆盖面相对较弱，风险较大。

（3）宽渠道或窄渠道。宽渠道是指在某个环节的生产者至少选择两个同类中间商销售产品；窄渠道是指在销售产品的过程中只选择一个中间商。宽渠道的优点是同一层面的经销商数量多，市场覆盖密度较高，市场销售力量较大，中间商之间的竞争度高；缺点是区域中间商的矛盾冲突较大，市场管理力度较大。窄渠道的优点是厂家与中间商关系比较密切，合作较好，厂家容易被中间商左右，中间商有可能过分地依赖厂家，市场覆盖密度相对较低。宽渠道的经销商数量较多，能大量接触消费者，大批量地销售产品。窄渠道的经销商数量少，一般适用于专业性强的产品，或者贵重、耐用的消费品。

营销渠道的宽窄主要取决于产品本身的特点、市场容量的大小和需求面的宽窄。根据营销渠道的宽窄，一般有3种策略可供选用：一是密集性分销，即制造商通过尽可能多地增加批发商、零售商推销其产品。二是选择性分销，即制造商从所有愿意经销其产品的中间商中精心挑选几个最合适的中间商推销其产品。三是独家分销，即在某一地区仅选择一家最合适的中间商专门推销其产品。

（4）单一渠道或多渠道。单一渠道是指只使用其中的一种渠道营销，比如，仅仅采用专卖店分销，或者仅仅采用经销商分销，或者仅仅采用直销等；多渠道是指选择两种以上的营销渠道。

（5）传统渠道或垂直渠道。传统渠道是指由生产者、批发商及零售商共同组成的营销渠道；垂直渠道是指由以上三者组成的统一联合体。

现代企业除了实体渠道，还增加了网上渠道。但是，这种情况若控制不好，则弊大于利。如果企业一定要在网上销售，那么控制渠道冲突是企业的重要工作。如何控制线上、线下的渠道冲突呢？企业需要做到以下6点。

（1）由企业控制网上分销渠道，绝对不允许经销商在网上销售。

（2）线上、线下销售的产品必须同价。

（3）线上、线下销售的产品品牌可以相同，但品类不同。

（4）对于线上销售的产品，由消费者所在区域的经销商提供线下服务，并享受厂家提供的服务返利，比如，空调的厂家线上销售产品，线下经销商负责售后（空调的安装、日常维修）。

（5）对于厂家线上销售的产品，该产品的销售额归为该区域的经销商，并享受产品销售返利。

（6）在线上进行产品展示或企业形象宣传，而不直接销售产品。

知识点4　茶馆连锁经营促销策略

1. 促销策略的概念和内涵

促销是促进销售的简称，是企业通过向消费者传递企业和产品的有关信息，引发、刺激消费者的消费欲望和兴趣，促使消费者产生购买行为的信息沟通活动。促销策略是一种促进商品销售的谋略和方法。

根据促销手段的出发点与作用的不同，促销策略可分为两种：推式策略和拉式策略。推式策略是以直接方式，运用人员推销手段，把产品推向销售渠道，其作用过程为企业的推销员把产品或劳务推荐给批发商，再由批发商推荐给零售商，最后由零售商推荐给最终消费者。拉式策略是采取间接方式，通过广告和公共宣传等措施吸引最终消费者，使消费者对企业的产品或劳务产生兴趣，从而引发消费者主动购买产品。其作用路线为企业先将消费者引向零售商，再将零售商引向批发商，最后将批发商引向生产企业。

2. 促销策略的选择

促销策略包括人员推销、广告、营业推广、公共关系等。在连锁茶馆经营过程中，要综合运用这些促销策略，采用促销组合策略。这里的促销组合策略是指茶馆根据产品的特点和营销目标，综合各种影响因素，对各种促销策略进行选择、综合搭配，使全部促销活动互相配合、协调，最大限度地发挥整体效果。

（1）进行人员推销。人员推销是指通过推销人员深入中间商或消费者进行直接的宣传介绍活动，使中间商或消费者进行购买行为的促销策略。这是人类最古老的促销策略，也是现代社会产品促销的主要形式。人员推销有3种基本形式：第一种为上门推销。上门推销是最常见的人员推销形式。它是由推销人员携带产品样品、说明书和订单等进行走访，推销产品。这种推销形式可以针对消费者的需求提供有效的服务，故被消费者广泛认可和接受。第二种为柜台推销，是指企业在适当的地点设置固定门市，由营业员接待进入门市的消费者并推销产品，门市的营业员是广义上的推销员。柜台推销与上门推销正好相反，它是等消费者上门的推销方式。由于门市里的产品种类齐全，能满足消费者多方面的购买需求，为消费者提供了较多的购买方式，并且可以保证产品完好无损，故消费者比较乐于接受这种方式。第三种为会议推销。会议推销是指利用各种会议向与会人员宣传和介绍产品，开展推销活动，比如，在订货会、交易会、展览会、物资交流会推销产品。这种推销形式接触面广、推销集中，可以同时向多个推销对象推销产品，成交额较大，推销效果较好。对于连锁茶馆而言，可以以柜台推销为主，以会议推销为辅。

（2）发布广告。广告是现代企业最重要的促销方式之一，在茶馆连锁经营中可以采取发布宣传广告的形式促销。广告促销一般包括 5 个步骤：第一，确定广告目标。广告目标主要有告知、说服、提示、强化 4 种。以告知为目标是通过广告向目标消费者介绍新产品，或说明某种产品用途，或宣布产品价格的变化，或纠正消费者的误解，树立产品和企业的形象等；以说服为目标是强调其品牌产品与其他竞争产品的不同之处，说服消费者购买；以提示为目标是指通过广告加深消费者的印象，提醒消费者记住其产品品牌，以便在将来需要时购买；以强化为目标是强化消费者购买后的满意度，使消费者树立购买该企业产品是正确选择的观念。第二，编制广告预算。茶馆在确定了广告目标之后可以根据实际情况编制广告预算。编制广告预算时主要考虑产品生命周期、市场份额、竞争和市场秩序、广告频率等因素。第三，确定广告信息。广告信息是指广告的内容，确定广告信息包括广告信息的创作、评估、选择、表达等几个方面的内容。第四，选择广告媒体。广告媒体是广告传播的工具或手段，一般常用的广告媒体有电视、广播、报纸、网络广告、户外广告等。茶馆可以根据实际的经营情况，综合考虑各种广告媒体的性价比并进行选择。第五，评估广告效果。广告投放以后产生的效果主要依靠传播效果和销售效果这两个指标来衡量，通过查看这两个指标可以对广告效果进行评估。

（3）进行营业推广。营业推广是指企业为促进消费者的购买行为而在短期内采用的促销方式。营业推广促销方式多种多样，包括赠送样品、有奖销售、优惠券、会员制、奖励、竞赛、演示促销、附送赠品、特价包装、交易折扣、联合推广等。在茶馆连锁经营中，可以多进行营业推广，这是一种见效快的促销方式。

（4）运用公共关系促销。公共关系促销是指企业利用各种传播手段，沟通内外部关系，塑造自身良好的形象，为企业的生存和发展创造良好环境的同时，促进产品销售。在茶馆连锁经营中，可以通过举办各种会议活动、参与社会公益活动、宣传企业文化、进行新闻宣传、发布公共关系广告等方式进行促销。

任务实施

步骤一：组建学习任务小组

教师根据学生的学号随机划分学习任务小组，每 5~6 人为一个学习任务小组，由任务小组成员自行选举小组长。

步骤二：任务分工

由小组长组织小组成员对如何完成本模块的学习任务"制定茶馆连锁经营营销策略"进行充分讨论，制订完成该学习任务的初步计划，同时小组成员之间做好任务分工。例如，可以将该学习任务划分为以下 4 个子任务。

（1）茶馆连锁经营产品策略。主要介绍产品策略的概念和内涵，以及在茶馆连锁经营中如何运用产品策略等。

（2）茶馆连锁经营价格策略。主要介绍价格策略的概念和内涵，以及在茶馆连锁经营中如何运用定价策略等。

（3）茶馆连锁经营渠道策略。主要介绍渠道策略的概念和内涵，以及在茶馆连锁经营中如何运用渠道策略等。

（4）茶馆连锁经营促销策略。主要介绍促销策略的概念和内涵，以及在茶馆连锁经营中如何运用促销策略等。

步骤三：为讲演介绍做准备

小组成员做好分工后开始搜集资料，可以从网上搜寻，或去图书馆翻书查阅，或实地探访茶馆，对茶馆经营者进行访谈，把搜集的资料整理成文档，做成 PPT 或书面报告，由小组成员依次上台讲演介绍。

步骤四：评价

小组成员完成讲演任务后，可以先进行自我评价和自我分析，然后由台下的其他小组成员进行打分和评价，最后由教师进行简要点评并总结。评价内容、评价标准及各项目的分值见本书附录中的任务评价表。

任务巩固与案例分析

一、任务巩固

（1）假如你是某连锁茶馆的店长（经理），茶馆里新上线了一款新茶，请问应采取何种定价策略进行促销？

（2）假如 2022 年 8 月 8 日是你的连锁茶馆开业 5 周年的日子，请问在开业 5 周年庆活动当天可以采取哪些方式进行促销？

二、案例分析

"老舍茶馆"连锁加盟的渠道战略

1. 成长故事

老舍茶馆的前身是北京前门大碗茶。1979 年，企业创始人尹盛喜先生响应党和政府号召，在北京前门地区售卖 2 分钱一碗的大碗茶，闯出了一条安置返城待业青年的新路。1988 年，尹盛喜先生创办了老舍茶馆。

老舍茶馆被评为国家文化产业示范基地、国家3A级景区。老舍茶馆创办至今，累计接待了70多个国家的150多位外国元首政要。近年来，老舍茶馆在谋求全新的发展思路和模式。至今，老舍茶馆已经成为中国茶文化与茶外交的一块金字招牌。

2. 品牌文化

振兴古国茶文化，扶植民族艺术花，铸造民族品牌。和、敬、精进是中国传统文化和茶文化的思想精髓，是老舍茶馆奉行的核心价值观。

3. 核心价值

以中国茶文化为根，以民族文化艺术为魂，老舍茶馆打造了具有中国特色的茶与文化融为一体的中华文化体验平台，成为中国传统文化和茶文化对外传播的一个窗口，成为中国名茶走向世界的展示平台和营销通路。老舍茶馆新启动的连锁加盟模式是在中国茶馆业难以标准化、可复制方面做出的有益探索和尝试。

4. 营销模式

无论是放在中国茶界，还是放在北京城，老舍茶馆都是一块响当当的金字名片。这个以人民艺术家老舍先生及其名剧命名的茶馆，始建于1988年，现有营业面积2600多平方米，是集书茶馆、餐茶馆、茶艺馆于一体的多功能、综合性大茶馆。

（1）老茶馆：茶叶搭台的文化盛宴。在这古香古色、京味十足的环境里，每天都可以欣赏一场汇聚京剧、曲艺、杂技、魔术、变脸等具有优秀民族艺术感的精彩演出，同时可以品尝各类名茶、宫廷细点、北京传统风味小吃和京味佳肴茶宴。自开业以来，老舍茶馆接待了近47位外国元首、众多社会名流和200多万名中外游客，成为展示民族文化精品的特色"窗口"和联结国内外友谊的"桥梁"。

老舍茶馆是茶与文化全面融合的结合体，是一家从2分钱一碗的茶水起步，一步步发展成为全国百佳茶馆、京城文化符号的一个了不起的茶馆。

老舍茶馆是一个文化符号，是一个把地道的京味儿文化与民族文化发扬光大的舞台，在这个舞台上站过太多的曲艺界名人，接待过太多的外国政要。

老舍茶馆不仅把传统的中华文化融进一个茶馆中，还把这种文化的精神气质发挥到极致，成为一块响当当的文化招牌，而这块招牌的背后用茶与文化这个载体一脉贯穿：老舍茶馆以茶为文化载体，打造了演艺、餐饮、茶艺、商务休闲、礼品销售为一体的综合体验平台。

（2）新渠道：以样板复制试水连锁加盟。在老舍茶馆的文化盛宴中，茶与文化、曲艺与京城休闲文化的全面融合形成了具有浓郁北京特色的，以品牌、产品、服务吸引人流量，围绕人群展开茶馆空间内的各种服务，以门票收入、餐饮收入、茶馆商务空间消费、礼品销售利润为盈利模式。后期将在适当调整后以连锁的方式复制其商业模式。

通过阅读以上关于老舍茶馆的案例资料，谈谈你对制定茶馆连锁经营营销策略的启发。

任务三　制定茶馆连锁经营竞争策略

【任务分析】

茶馆所在的餐饮行业竞争激烈，要想在激烈的市场竞争中立于不败之地，茶馆经营者一定要了解和运用一定的竞争策略。根据美国管理学家迈克尔·波特的观点得出，企业的竞争策略主要有成本领先策略、差异化策略、聚焦化策略 3 种。因此，在茶馆连锁经营中可以根据实际情况，灵活运用这 3 种竞争策略。

【任务目标】

知识目标	1. 了解茶馆成本领先竞争策略的概念和内涵 2. 了解茶馆差异化竞争策略的概念和内涵 3. 了解茶馆聚焦化竞争策略的概念和内涵
技能目标	1. 能够根据茶馆连锁经营的实际情况，灵活运用成本领先竞争策略 2. 能够根据茶馆连锁经营的实际情况，灵活运用茶馆差异化竞争策略 3. 能够根据茶馆连锁经营的实际情况，灵活运用茶馆聚焦化竞争策略
思政目标	1. 培养学生现代经营管理理念，增强竞争意识 2. 追求卓越，精益求精，培养团队精神，提升职业素养

任务知识点

知识点 1　茶馆成本领先竞争策略

1. 成本领先竞争策略的概念和内涵

成本领先竞争策略是连锁企业经常采用的一种竞争策略，是指通过一系列的具体措施使企业在本行业中赢得成本领先的竞争优势。企业在实施成本领先竞争策略时，要保证产品质量和服务等方面不低于竞争对手。因此，为了达到成本领先，企业必须在经营管理的各个方面进行严格控制，发现和挖掘所有能够给企业带来成本领先优势的资源。

成本领先竞争策略的理论基础是规模效益理论和经验效益理论。根据规模效益理论可以得出，随着企业规模的不断扩大，产品的市场占有率会提高，利润会增加，这样就会有更多的资金、更新的技术设备，从而使企业的总成本不断下降。同时，根据经验效益理论得出，在企业生产经营中，随着累积的产量和服务量的增加，单位商品的生产成本或服务成本会下降。

2. 实施成本领先竞争策略的益处和风险

实施成本领先竞争策略的益处有以下 5 点：（1）在行业中处于低成本地位的企业可以获得高于行业利润水平的利润，在战略上有更多的主动权。（2）面对强有力的购买者，处于低成本地位的企业在进行交易时会有更强的机动性，能够有效地防御购买者讨价还价。（3）当强有力的供应商哄抬价格时，处于低成本地位的企业可以拥有更好的灵活性以摆脱困境。（4）当企业已经形成较大的规模和处于成本领先地位时，就会使即将加入该行业的企业望而却步，从而产生强大的进入壁垒。（5）在替代品竞争时，低成本的企业往往会比行业内的其他企业更加处于有利的地位。

实施成本领先竞争策略的风险有以下4点：（1）由于企业集中精力降低产品成本，所以可能会缺乏预见性和缺乏应对市场变化的能力。（2）行业中的其他新加入者通过模仿或总结前者的经验，或采用更先进的技术，其成本有可能会更低，使企业丧失成本优势。（3）新技术的出现和应用可能会使原有设备和技术的投资及经验变得无效。（4）成本领先容易演变成简单的价格竞争，可能会导致企业陷入低价竞争的恶性循环中。

3. 成本领先竞争策略的应用

在茶馆连锁经营中采用成本领先竞争策略时，需要注意以下6个方面。

（1）在档次比较高的茶馆中，茶叶和食品原料的成本占了30%～35%，好的茶叶价格非常昂贵。因此，茶馆降低成本的主要途径之一是要想方设法降低茶叶和食品原料的采购成本。要实现原料成本的降低至少可以使用两种方法，一是疏通和理顺茶叶及食品原料的进货渠道，特别是茶叶的进货渠道，与供应商建立良好的合作关系。二是通过规模采购降低茶叶采购成本。量大价优是交易规律，大量采购可以使供货商降价，从而降低茶馆的成本。所以，对一些季节要求不严，保存性比较好的茶叶及食品原料可以一次性较大批量购进。

（2）使茶馆连锁运营程序更加标准化。

（3）对连锁茶馆分店的布置、规模和经营的产品进行标准化。

（4）谨慎选址。房屋租金是茶馆日常经营最大的成本之一。核心商业区的租金都很高，可以利用低等位置、独立的建筑及在较老的、狭窄的商业中心区选址，或者利用其他连锁企业废弃的店址，尽量降低租金成本。

（5）在不影响茶馆风格布局的前提下，尽量使用廉价的装修材料进行简单的装修，不过度装饰。

（6）减少冗员，少用高技术等级人员。因为人工成本是茶馆的重要成本，因此应精确计算保证茶馆正常运转所需要的人员数量，在业务量波动较大的时候合理使用兼职人员，减少固定员工的数量，这样可以节省各种福利费用。技术等级高的人才，比如，高级茶艺技师、名厨往往要求较高的待遇。对于利润空间不大的茶馆来说是比较大的成本负担，为了降低成本，茶馆可以尽量少地聘用高级人才，而依靠茶艺、烹调标准化和规范化来稳定茶馆的产品质量。所聘请的少数高技术等级人员负责研究、创新、制定这些标准和规范，日常操作要靠经过严格培训的低等级人员来完成，这样可以做到既保证质量，又降低成本。

知识点 2　茶馆差异化竞争策略

1. 差异化竞争策略的概念和内涵

差异化竞争策略是指在一定的行业范围内，企业向消费者提供的产品或服务与其他竞争者相比独具特色，从而使企业拥有独特的竞争优势。对于连锁企业而言，实施差异化竞争策略是力求在消费者广泛重视的一些方面独树一帜，满足消费者的某些特殊需要。

实施差异化竞争策略要求企业具备以下 5 个条件。

（1）在产品质量、技术或服务方面具有较高的声望。
（2）在行业内有一定的发展历史。
（3）具有很强的市场营销能力。
（4）具有吸引优秀人才的物质条件。
（5）各个部门之间配合、协调性好。

2. 实施差异化竞争策略的益处和风险

实施差异化竞争策略的益处体现在以下 3 个方面：（1）有利于建立消费者对产品或服务的认识和信赖，降低消费者对产品或服务价格变化的敏感性。（2）有利于使消费者对产品品牌产生信赖度和培养品牌忠诚度，增强行业壁垒。（3）实施差异化竞争策略可以为企业带来高边际收益，增强企业各个供应商讨价还价的能力。

实施差异化竞争策略的风险体现在 2 个方面：（1）企业的服务成本可能会增高。（2）竞争对手的模仿会缩小消费者感受到的产品差异。

3. 差异化竞争策略的应用

在茶馆连锁经营中，要实施差异化竞争策略可以从多个方面着手，可以根据客户需求细分市场，通过对细分市场的个性化服务提高客户满意度，更好地争取和维护客户。比如，产品及品牌定位差异化、产品质量及包装差异化、重点销售区差异化、市场推广差异化、终端促销差异化、茶馆风格环境差异化、茶馆功能布局差异化等。总之，要尽量打造出自己的特色品牌，与众不同。

知识点 3　茶馆聚焦化竞争策略

1. 聚焦化竞争策略的概念和内涵

聚焦化竞争策略是指企业把经营重点放在一个特定的目标市场上，为特定的地区或特定的购买群体提供特殊的产品或服务。聚焦化竞争策略基于一个前提，即企业的资源是有限的，要把有限的资源发挥出最大效果，必须要把资源集中起来使用，聚焦化竞争策略是把资源集中到一个关键点上去突破,在一个点上形成真正意义上的竞争优势,这样才能让企业经营获得实质性的突破。

2. 实施聚焦化竞争策略的益处和风险

实施聚焦化竞争策略的益处体现在以下 3 个方面:(1)有利于企业认清自己和竞争对手的优点和缺点,帮助企业寻找到目标市场并准确地切入。(2)有利于企业集中精力更好地服务于某一特定目标。(3)战略目标集中、明确,效果易于评价,管理过程易于控制。

实施聚焦化竞争策略的风险体现在以下 3 个方面:(1)由于企业将全部精力和资源集中于某一特定市场,所以一旦客户的偏好发生变化或出现替代品时,企业就会遭受巨大的冲击,面临巨大的威胁。(2)若竞争者进入企业选定的目标市场,并采取优于该企业的服务模式时,企业就会面临巨大的风险。(3)当市场销售量减少,生产成本增加时,企业的聚焦化竞争策略优势就会被削弱,甚至难以为继。

3. 聚焦化竞争策略的应用

茶馆实施聚焦化竞争策略有 4 种方式,分别是产品聚焦策略、地域聚焦策略、客户聚焦策略、利基聚焦策略。

(1)产品聚焦策略。产品聚焦策略是指企业在某一个时期集中精力研究某一种产品以提高其竞争力。就茶馆而言,就是要集中精力开发出一两种优质的新茶。

(2)地域聚焦策略。地域聚焦策略是企业在某一个时期集中精力针对某一地域市场而发展。对于茶馆连锁经营而言,首先要选定发展区域,通过优质的产品和合理地布局门店,集中精力提高茶馆品牌在某地域的影响力,之后不断扩展。

(3)客户聚焦策略。客户聚焦策略是企业在某一个时期集中精力锁定某一类消费人群。对于茶馆连锁经营而言,在初创选址时就要做好市场调查,对门店主要客户的特征进行分析,集中精力研发适合这类客户需求的茶产品。

(4)利基聚焦策略。利基市场是指那些被市场中的统治者、有绝对优势的企业忽略的某些细分市场或小众市场。利基聚焦策略是指企业选定一个很小的产品或服务领域,集中力量进入市场并成为领先者,从当地市场到全国再到全球,同时建立各种壁垒,逐渐形成持久的竞争优势。对于茶馆连锁经营而言,在初创时或在发展中可以先细分市场,然后再集中力量开拓市场。

任务实施

步骤一:组建学习任务小组

教师根据学生的学号随机划分学习任务小组,每 5~6 人为一个学习任务小组,由任务小组成员自行选举小组长。

步骤二:任务分工

由小组长组织小组成员对如何完成本模块的学习任务"制定茶馆连锁经营竞争策略"

进行充分讨论，制订完成该学习任务的初步计划，同时小组成员之间做好任务分工。例如，可以将该学习任务划分为以下3个子任务。

（1）茶馆成本领先竞争策略。主要介绍成本领先竞争策略的概念和内涵、实施成本领先竞争策略的益处和风险，以及成本领先竞争策略的应用等。

（2）茶馆差异化竞争策略。主要介绍差异化竞争策略的概念和内涵、实施差异化竞争策略的益处和风险，以及差异化竞争策略的应用等。

（3）茶馆聚焦化竞争策略。主要介绍聚焦化竞争策略的概念和内涵、实施聚焦化竞争策略的益处和风险，以及聚焦化竞争策略的应用等。

步骤三：为讲演介绍做准备

小组成员做好分工后开始搜集资料，可以从网上搜寻，或去图书馆翻书查阅，或实地探访茶馆，对茶馆经营者进行访谈，把搜集的资料整理成文档，做成PPT或书面报告，由小组成员依次上台讲演介绍。

步骤四：评价

小组成员完成讲演任务后，可以先进行自我评价和自我分析，然后由台下的其他小组成员进行打分和评价，最后由教师进行简要点评并总结。评价内容、评价标准及各项目的分值见本书附录中的任务评价表。

任务巩固与案例分析

一、任务巩固

（1）假如你是连锁茶馆的店长（总经理），你应如何应用成本领先竞争策略使自己的茶馆分店在当地拥有竞争优势？

（2）茶馆连锁经营要实施差异化竞争策略，可以从哪些方面入手？

二、案例分析

探寻共享茶空间行业的兴起与发展之道

共享出行、共享充电、共享空间……共享经济模式的成熟，给人们的生活、学习和商务活动带来了便利。在众多的共享形式中，更为细分领域的共享茶室逐渐被人所知，它围绕着"短时空间租赁"展开，为人们提供能够满足社交需求的第三空间消费场景。

共享茶室并非一开始就被人们广泛接受，从初期发展的举步维艰到如今的遍地开花。这种模式无疑是特别的，其背后的商业逻辑是什么？又该如何迎接共享茶室的兴起、发展？

1. 共享茶室

共享茶室的概念诞生于共享经济模式最繁荣的时期。传统茶室的主要获利来源是销售茶叶，因为产品的单一性导致传统茶室的用户群体范围小、客流量少，大部分茶馆定位偏老龄化，难以吸引"增量"群体。而传统茶室门店经营往往需要更高的门槛，从店租成本、人力成本、设备成本、茶叶成本上来说，都比较昂贵。而共享茶室削减了人力成本，为茶馆运营减负松绑。在营运方面，日常只需要 1 名店员进行运营维护；在时间方面，共享茶室能够实现 24 小时全天经营。通过自助下单的方式，让茶客实现在任何时间，任何地点的自由、透明消费，能极大地方便人们的生活。总而言之，共享茶室能实现成本的减负松绑和经济的提质增效。

2. 填补空白

由于缺乏经验，在国内找不到可供参考的经验，6 茶共享茶室创始人吴翔和他的共享茶室只能通过寻求外部经验的方式，摸着石头过河。在反复研究了共享单车模式、滴滴模式之后，属于共享茶室的"茶滴滴"模式应运而生。

"茶滴滴"模式的特点在于将闲置存量的传统茶室空间整合到线上平台，通过大数据、物联网等信息技术辅助，与茶客对空间需求紧密对接。2017 年，在一片空白的共享茶室行业，这种运营模式算得上是"先进"的。2019 年之后，6 茶共享茶室走向了品牌化、连锁化、标准化的共享茶室独特模式，通过开设标准化的直营店，吴翔解决了供给侧服务标准化、消费流程统一化、连带茶叶新零售化等痛点。在重新规划了方向之后，吴翔的 6 茶共享茶室插上了快速发展的翅膀，仅仅用 1 年的时间就完成了对全国 14 个省、31 个城市的合伙人招募，完成了初步的商业版图布置。

客观地说，6 茶共享茶室经历过的摸索和规划为后来的共享茶室企业提供了一个样本。很快，共享茶室行业逐步进入了品牌连锁化的新阶段，不再过多依赖难以统一标准的闲置茶空间。

3. 再造差异化机会点

有趣的是，在互联网技术高速发展的现在，不少传统茶室在寻求"变局"之道，很多基于茶馆门店管理、茶室坪效优化管理系统被开发出来，应用到传统茶室的日常运营中。这种新兴茶馆管理系统的出现，让人们开始疑惑它和共享茶室有何区别。

实际上，就算是这种新兴的茶馆管理方式，仍然和标准意义上的共享茶室有着极大的区别。吴翔认为，共享茶室和传统茶室，除了在承载产品"茶"上有相似之处，其他方面是完全不同的。

从本质上来说，传统茶室线上管理系统是为了优化坪效、更好地实现茶叶零售，它是茶馆日常运营的管理手段，是以茶叶销售为导向的。与共享茶室"短时空间租赁""智能化自助下单""空间共享"有着本质的区别。

茶馆线上管理系统的出现并不会改变茶馆的性质，也不会扩大茶馆的客户群体，它的优化是仅针对存量市场的。而共享茶室的智能管理系统是实现智能管理的手段，共享茶室在本质上仍然面向的是全年龄段的"第三空间"，面向的是增量市场。

4. 竞争格局固化，6 茶共享茶室变阵进行时

在共享经济逐渐趋于冷静的当下，仍然在快速发展的共享充电宝、共享茶室等行业更显得引人注目。尽管目前共享茶室行业的规模仍在稳定扩大，在积极注入资本，但是整个行业所面临的挑战是巨大的。

"现在无论是6茶共享茶室还是其他共享茶空间品牌,都在面对一个很现实的问题,那就是如何从以量为核心转变到以质为核心的发展,顺应大健康时代的到来。"6茶共享茶室创始人吴翔接受媒体采访时说。

在新冠肺炎疫情防控常态化的背景下,人们的观念在变,交往模式在变,社交接触的"私密性""安全性"得到关注,这些都是共享茶空间的所具备的特性。身处大健康背景下的共享茶室将迎来一个新思路,在打造一种健康的生活方式的基础上,为客户提供高性价比、更健康的体验,创造高价值空间。

除此之外,吴翔在接受媒体采访时还表示,未来计划以"打造健康生活方式"作为实现企业良性循环发展的主题,基于这个总方向,今年6茶共享茶室计划将提高标准化服务品质、提高门店质量、扩大业务版图、多元化垂直周边产品4个方面作为可持续发展的着力点,为客户提供更优秀的服务,为合作伙伴提供更强有力的支撑,为共享茶空间健康发展贡献一份力量。

纵观整个共享茶室行业的发展,我们可以得出结论,共享茶空间的未来仍然是有想象空间的。接下来,行业内的每一个品牌仍然需要稳扎稳打,良性发展,以构建整个行业良性的共享茶室生态圈。

通过阅读以上关于共享茶室的材料,请你分析一下它运用了哪些竞争策略。

模块六　茶馆连锁经营文化品牌建设

模块六　茶馆连锁经营文化品牌建设
- 任务一　认识茶馆连锁经营文化品牌内涵
  - 知识点1　全国茶馆连锁经营文化品牌
  - 知识点2　茶馆连锁经营地方文化品牌
- 任务二　塑造茶馆连锁经营品牌
  - 知识点1　茶馆连锁经营新媒体运营品牌塑造
  - 知识点2　茶馆连锁经营行业品牌塑造
  - 知识点3　茶馆连锁经营供应链管理品牌塑造

任务一　认识茶馆连锁经营文化品牌内涵

【任务分析】

茶馆文化品牌是茶馆形象、产品质量、服务文化等的反映。在茶馆连锁经营中塑造文化品牌有利于茶馆获得社会各界的支持及政府部门的重视，有利于培养客户的文化认同和提高客户的忠诚度，并提高茶馆的竞争力。因此，茶馆连锁经营者应了解茶馆连锁经营文化品牌的内涵，并在茶馆连锁经营中努力塑造文化品牌。认识茶馆连锁经营文化品牌可以从全国和地方两个角度入手。

【任务目标】

知识目标	1. 了解十大全国茶馆连锁经营文化品牌 2. 了解我国茶馆连锁经营地方文化品牌的几大派别
技能目标	1. 能够概述全国茶馆连锁经营文化品牌的内涵 2. 能够概述我国地方茶馆连锁经营文化品牌的特色
思政目标	1. 树立品牌意识和质量意识，培养精益求精的工匠精神 2. 学习茶文化知识和茶馆文化知识，深刻理解茶馆连锁经营文化品牌内涵，提高自身文化素养

任务知识点

知识点1　全国茶馆连锁经营文化品牌

1. 文化品牌的概念和内涵

文化品牌又称为品牌文化，是指通过赋予品牌深刻而丰富的文化内涵，建立鲜明的品牌定位，并充分利用各种强有效的内外部传播途径形成消费者对品牌在精神上的高度认同，形成品牌信仰，最终形成较高的品牌忠诚度。

文化品牌的核心是文化内涵，具体而言是品牌蕴涵的深刻的价值内涵和情感内涵，也就是品牌所凝练的价值观念、生活态度、审美情趣、个性修养、时尚品位、情感诉求等精神象征。品牌文化的塑造通过创造产品的物质效用与品牌精神高度统一的完美境界，能超越时空的限制带给客户更多高层次的满足、心灵的慰藉和精神的寄托，在客户心灵深处形成潜在的文化认同和情感眷恋。

2. 全国十大茶馆连锁品牌

国际茶馆联盟联合国内十多家机构，根据企业实力、品牌知名度、用户活跃度、消费者口碑、平台评价，对目前市场上的众多茶馆品牌进行综合评价，并整理出全国十大茶馆连锁品牌排行榜。

（1）老舍茶馆（见图6-1）。

图6-1 老舍茶馆

提起老舍茶馆，不但在京城妇孺皆知，而且在外埠，甚至在国外，知道这个字号的人也不少。老舍茶馆已然成了北京这座六朝古都和国际大都市的"城市名片"。北京大大小小的茶馆有五六百家，为什么只有老舍茶馆享有"城市名片"的美誉？一是因为它由2分钱一碗的大碗茶起家，是改革开放以后，京城开的第一家新式茶馆。二是因为茶馆以老舍先生命名，老舍先生是京味文化的代表之一，有很高的知名度。三是因为老舍茶馆有味儿。什么味儿？当然是京味儿了。人们在茶馆不只是品茶味儿，还要品其中的文化味儿。老舍茶馆的业务涵盖茶事服务、演出、餐饮和京味儿文化茶礼4种经营业态。

（2）BOSS LOUNGE 茶馆（见图 6-2）。

图 6-2　BOSS LOUNGE 茶馆

BOSS LOUNGE 茶馆的定位是商务茶空间，一直致力于高收入、高净值的客户群体，该品牌不仅是茶馆连锁品牌，而且是一个面向商务人群的服务公司。其在创立 4 年的时间中，从最初拥有全国几十家门店、10 万名注册用户的茶馆品牌，到现在已经布局了 BOSS 俱乐部企业家社群、BOSS 企服交易平台等产业链，每一项业务的营收都实现了突破性增长，并在北京 CBD 央视旁边开了一家 800 平方米的门店，实现整体盈利。

据 BOSS LOUNGE 茶馆工作人员描述，该品牌接下来将在全国 300 多个城市快速复制，发展目标是成为全国较大的无人茶馆连锁品牌、覆盖全国的企业家俱乐部、交易额过亿的企服交易平台，最终实现上市。

（3）王府茶楼（见图 6-3）。

图 6-3　王府茶楼

王府茶楼位于北京大观园往北 400 米路西，不知是否是因为拥有地利的因素，让人们觉得在王府茶楼喝茶仿佛是在大观园品茶一样，书桌、砚台、宣纸、古筝，这些一入茶馆的大门就可以看到的物件使你无法不和书香气相连。这些都不是摆设，这里确实常有文人墨客出入，他们兴起时总会留下些墨宝，若你感兴趣，可以随意书画、弹奏。这里的茶都很有特色，茶名是按照金陵十二钗的名字取的，像宝钗茶、湘云茶、妙玉茶、袭人茶等，让你不得不想起学生时代读《红楼梦》的时候。王府茶楼所有的茶叶均是由资深鉴茶师四处搜来的好茶，若不按照茶的品种搭配合适的水温和器具，随意乱泡便是糟蹋，所以其泡茶的水也是独一无二的。

（4）tea'stone（见图 6-4）。

图 6-4　tea'stone

在万象天地、平安金融大厦、华侨城等深圳市一众现代建筑中，均坐落着一家特别的中国茶馆，吸引人们的或者是带有盛唐特色的建筑，或者是闹市中的那座空中花园、围炉煮茶的"会客厅"氛围、一人一席的仪式感，当然最吸引人们的一定是"喝到好茶"的纯粹……种种特点都会让你记住这家名叫 tea'stone 的茶馆。

（5）友密茶空间（见图 6-5）。

2021 年，纽约时代广场迎来了中国茶文化的先行者、无人共享茶馆、茶室的开创者——友密茶空间，在美国纳斯达克的大屏上出现了"相信中国文化崛起的力量，恭祝友密茶空间成立 3 周年"的汉字，友密茶空间成为首家登上纳斯达克大屏的无人共享茶馆、茶室品牌。

友密茶空间是一家无人值守模式的私密型茶馆，我们通过先进的互联网和物联网技术实现茶馆的无人值守，并整合接入合作伙伴的场地实现茶馆的共享，全部设立包间实现社交的私密性，在这里没有服务员的打扰，走进店里，你可以自行泡茶，也可以预约茶艺师；

你可以享受一个人的安静，可以叫一群朋友聊天，也可以享受专业茶艺师带来的中国茶文化的美。

图 6-5　友密茶空间

（6）隐溪茶馆（见图 6-6）。

图 6-6　隐溪茶馆

隐溪茶馆位于上海法租界。隐溪茶馆致力于茶文化意与境的传承，营造出一个不受外界节奏桎梏的园林美学空间，用专注静品流动的喜悦打造"正清和雅"的禅意之所，深受高品位人士的喜爱。

摩登中式的装修风格让人感觉很舒服，这里不仅适合拍摄，而且非常适合跟友人一起喝茶、聊天、小聚。隐溪茶馆有快捷和优质的服务，每间包厢里都摆放着一台IPAD，供客人自助点单，客人点单后可以实现线上支付，既乐趣无穷，又节省人工成本。

（7）相爷府茶楼（见图6-7）。

图6-7 相爷府茶楼

相爷府茶楼位于上海的核心区域——城隍庙，是比较具有代表性的古典茶楼，其所在的豫园商圈是上海较大的古建筑群，也是海派文化的汇集地。

茶楼总营业面积为2000多平方米，集茶艺、美食、戏曲为一体，整体装潢古香古色，有近百件珍贵文物藏品，典雅别致。当你置身其中，大有穿越时空之感。

（8）泰元坊（见图6-8）。

泰元坊是一家以传承、推广和创新为主旨的文化型企业，其核心产品围绕中国传统文化及相应的表现形式，立足于茶文化传播，旗下拥有泰元坊品牌的茶艺培训中心、茶艺讲演团、茶产品营销中心、茶艺馆及古典家具公司，主体业务包括茶艺培训、茶文化讲座、茶艺表演及服务、行业投资顾问、实木家具定制。泰元坊"因自信而诚信"，孜孜不倦地服务于各方的有缘茶人及文化同行者，体验文化的魅力，营造健康、和谐、天天好心情的生活境界。

图 6-8 泰元坊

(9) 泰和茶馆（见图 6-9）。

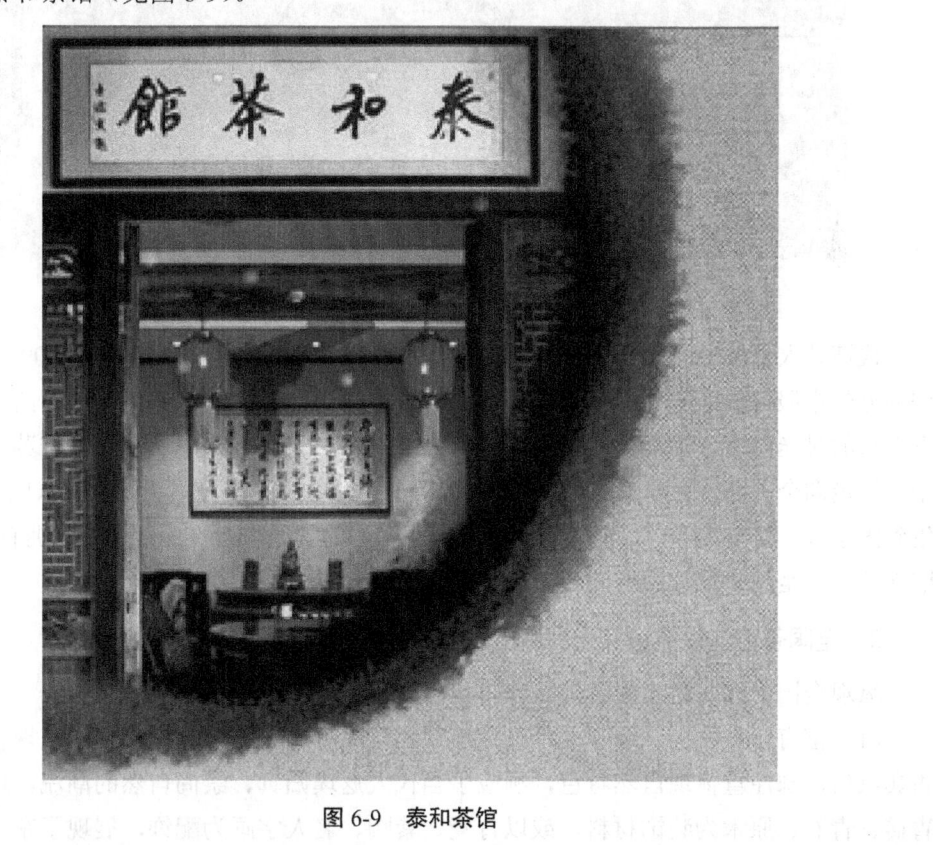

图 6-9 泰和茶馆

泰和茶馆是上海泰和集团下的茶馆品牌，其第一家门店创立于2004年，以其高雅的格调、恢宏的气势、专业的服务、上乘的品位得到了社会的广泛认可。同时泰和茶馆是一家自助式茶馆，每日提供各种茶食、水果、中西点心、冷菜、卤味、汤煲等无比新鲜，可以供茶客无限品尝。这种以茶为文化载体，将茶与美食完美融为一体的新型餐饮形式，得到很多茶客的青睐。

（10）钱塘茶人（见图6-10）。

图6-10 钱塘茶人

钱塘茶人于2001年5月创建于江苏省苏州市沧浪区十全街，2008～2009年，相继被评为苏州市服务业名牌和苏州市知名商标。钱塘茶人拥有"茶·茶点·茶生活"和"享受慢下来的时光"的经营理念和品牌文化，经过10年的加盟拓展，已从江苏省苏州市沧浪区十全街走向全国，品牌覆盖的城市遍及上海、南京、杭州、苏州、无锡、石家庄等城市，衍生到张家港、富阳、邢台、义乌、淮南等经济发达的二线城市、三线城市。拥有20多家加盟连锁店，是规模较大的加盟连锁自助茶楼品牌。

3. 全国茶馆连锁经营文化品牌的共同特点

纵观全国十大茶馆连锁经营品牌，我们可以发现它们具有以下共同点。

（1）富有自然特色。纵观这些茶馆连锁经营品牌，无论其档次如何，是现代风格还是古典风格，都注重体现自然特色，顺应了当代人返璞归真、崇尚自然的潮流。这些茶馆以青砖、青石、原木为装饰材料，或以青瓷、紫陶、名人字画为配饰，展现了东方文化的特色，塑造了雅洁清幽的意境、清新自然的文化氛围。在这样的茶馆里消费，茶客能够体味到人与自然的和谐之美，能够体会到茶文化与中国传统文化之美。

（2）富有民族特色。纵观这些茶馆连锁经营品牌，我们可以看到，富有民族文化特色是茶馆品牌的一大特色。比如，老舍茶馆集书茶馆、餐茶馆、茶艺馆于一体，内部的装饰格调以传统的中式装饰为主，颜色较深，宫灯、红木桌椅及舞台古色古香，在这古香古色、京味十足的环境里，每天都可以欣赏一台汇聚京剧、曲艺、杂技、魔术、变脸等具有优秀民族艺术感的精彩演出，同时可以品尝各类名茶、宫廷细点、北京传统风味小吃和京味佳肴茶宴。在这样的茶馆里消费，茶客不仅可以领略茶文化，还能受到我国民族传统优秀文化的熏陶。

（3）富有艺术特色。这些茶馆连锁经营品牌都富有艺术特色。首先，从茶馆的装饰、布局、风格来看，这些茶馆连锁品牌大多数都具有古典风格，或者具有现代风格，或者兼而有之，茶馆里一般配置有古典家具、陶瓷器、玉器、金银器、书法、绘画等，富有文化艺术氛围；其次，从茶馆的功能、服务来看，茶馆里除了有茶品，还有茶艺表演、戏曲表演，以及古琴、琵琶、古筝等民乐表演，这些茶艺、戏曲、音乐等艺术表演增添了茶馆的艺术氛围。富有艺术特色是茶馆连锁经营品牌的关键。

（4）富有健康特色。茶馆里的茶是绿色健康饮料，饮茶不仅有利于健康长寿，有利于消暑降压、促进消化、祛病健身等，而且能让人获得宁静、闲适的心境，促进身心健康。在这些连锁茶馆品牌店里消费，茶客可以获得身心放松，处处感受健康的气息。这些连锁茶馆品牌店在食品安全、卫生方面都做得很好，能让来店消费的茶客获得身心健康。

知识点2　茶馆连锁经营地方文化品牌

我国的茶馆数量众多，分布范围遍及全国各地，其中许多连锁茶馆都是从地方逐渐兴起而成为全国连锁品牌的。这些地方的连锁茶馆深具地方文化特色，就地域文化而言，可以将这些地方茶馆连锁经营品牌分为五大类：京派茶馆、海派茶馆、浙派茶馆、川派茶馆、粤派茶馆等。

1. 京派茶馆

京派茶馆的主要特点是历史悠久、内涵丰富、层次复杂、功能齐全。作为全国的政治、经济、文化中心，北京拥有悠久的历史、深厚的传统文化底蕴，以至于北京的茶馆被赋予了大气、高贵、厚重、雍容、多元等特点。京派茶馆既有富有传统京味文化的茶馆，也有高档大气的现代茶馆。北京知名的茶馆连锁品牌有老舍茶馆、五福茶艺馆、吴裕泰茶庄等。

（1）老舍茶馆。老舍茶馆是以老舍先生命名的老北京茶馆，它既是全国连锁品牌茶馆，也是地方茶馆连锁特色品牌。老舍茶馆创建于1988年，集京味茶文化、戏曲文化、餐饮文化等多种艺术文化于一体，成为展示民族文化精品的"窗口"和联结中外人民友谊的"桥梁"，是北京一张响当当的城市名片。

（2）五福茶艺馆。五福茶艺馆位于鼓楼前，是北京第一家茶艺馆，面积为150平方米。五福茶艺馆已相继在北京开了多家分店，遍布北京市区。"五福"寓意取自北京人古老的信奉"人有五福"之说，也就是"康宁、富贵、好德、长寿、善终"，有知福、幸福、惜福、享福、造福之意。五福茶艺馆门额统一用黄底黑字"五福茶艺馆"灯箱，旁有"五福茶道"的标识，各店均是古朴的装修风格配以对联、宫灯、折扇的点缀，形成了雍容、典雅、宁静、肃穆的"五福"形象。"五福"是北京茶艺的代表，其有别于传统的茶艺馆，也不同于日本茶道。其特点是，茶具分为泡茶用具和品茶用具，茶叶为应季茶，其中乌龙茶多以真空包装为主，常年在5℃~20℃的环境中保存，各种泡茶程序均有其术语，它体现的是几千年文明古都的文化底蕴和传统道德观念的内涵。

（3）吴裕泰茶庄。吴裕泰茶庄原名为吴裕泰茶栈，创建于光绪十三年（1887年），至今已有130多年的历史。经过百余年的发展，吴裕泰茶庄已经成为拥有260多家连锁店的中型连锁经营企业，是京城的中华老字号，在国内同行业中享有较高的知名度。

2. 海派茶馆

海派茶馆是指上海的茶馆。海派茶馆的特点是务实、创新、兼收并蓄。上海的地方茶馆连锁品牌既有传统老式的茶楼，又有现代新式的茶艺馆；既有台式红茶坊，又有西式茶坊；既有宫廷气派的茶馆，又有简朴的茶室。上海知名的茶馆连锁品牌有隐溪茶馆、泰和茶馆等。

3. 浙派茶馆

浙派茶馆以杭州茶馆为代表。杭州茶馆具有龙井茶、虎跑水这两大得天独厚的优势。浙派茶馆注重茶、景、意、趣的和谐统一，讲究名茶配名水，品茗临佳境，体现出务实、开放、创新、精致、和谐的吴越文化特点。进入21世纪以来，浙派茶馆品牌意识的发展及对个性化的追求，促进了主题茶馆、复合式茶馆、探索式茶馆等的出现，一些具有代表性的知名茶艺馆基本成型。杭州知名的茶馆连锁品牌有湖畔居茶楼、和茶馆、青藤茶馆等。

（1）湖畔居茶馆。杭州作为有名的茶都，以西湖龙井饮誉天下。据统计，目前杭州的茶馆有2000家，以提供品茶服务为主，在杭州的餐饮市场占有较大比重。无论是当地人还是游客，提起杭州的茶馆，都会先想到湖畔居茶楼。湖畔居茶楼首店位于杭州六公园北侧，有"江南名茶楼"和"北有老舍茶馆，南有湖畔居茶楼"的美誉。作为杭州老牌茶馆的代表，湖畔居茶楼不仅是知名度和口碑兼具的大众茶馆，也是不少名人政客于杭州品茶的首选茶楼，其曾作为G20杭州峰会接待会场，素有"西湖会客厅"之称。

（2）和茶馆。杭州首家和茶馆开设于1999年，是西湖边旧人民路上的一间陈设古玩的茶空间，由设计师施国勤创建。如今的和茶馆在杭州共有两家直营门店，分别位于西湖安缦和西溪悦榕庄。和茶馆因为收藏着众多茶器而被视为杭州的"文物高地"，可以称得上是杭州较具文化氛围的茶馆之一。

（3）青藤茶馆。这家在杭州经营了 20 多年的老字号茶馆，有着醒目的环绕型青绿色招牌，让人印象深刻。第一家青藤茶馆门店创办于 1996 年，位于杭州三公园对面，鼎盛时期共开设了 5 家分馆。如今的青藤茶馆在杭州共有两家门店，其中元华总店是杭城大众茶客聚集、消遣之地，也是杭州较大的自助茶馆。锦绣店更注重品茶，茶水质量相对较高，私密性更好，偏向商务型消费。

4. 川派茶馆

四川是茶的故乡，茶的品类繁多，饮茶风行，茶馆林立。川派茶馆的特点是悠闲、舒适、享受、稳定、生活化，体现的是巴蜀的文化特色。四川知名的茶馆连锁品牌有顺兴老茶馆、竹叶青论道生活馆、悦来茶园等。

（1）顺兴老茶馆。顺兴老茶馆隶属于顺兴集团，主营餐饮、品茗及川剧表演，位于西蜀廊桥街区。凭借浓厚的川西风格设计和盖碗茶、川菜、成都小吃、川剧表演四大成都特色，顺兴老茶馆成为许多茶客的首选茶馆。顺兴集团作为一家直营连锁企业，已在成都、北京、上海城市开设了门店，曾荣获"全国百家茶馆""中华餐饮名店""四川省十大放心茶楼"等称号，实力不俗。顺兴老茶馆仿照明清川西茶馆而建，其壁雕、窗饰、摆设、木刻、家具、茶具均透露出浓浓的地域特色，给予茶客视觉感官的满足。除了常见的古典屏风、小桥流水、红灯笼等装饰，巨型的倒挂盖碗和民俗风情长廊最特别。顺兴老茶馆设置了老成都民俗风情长廊，展示了多张关于巴蜀历史和成都民俗文化的照片，茶客在品茶之余还可以一览成都的历史影像。

（2）竹叶青论道生活馆。四川峨眉山竹叶青茶业公司是四川地区规模较大的茶企之一，主营竹叶青和碧潭飘雪两种茶叶。这两种茶叶是全国的茶叶品牌，多次获得国际大奖。2008 年，四川峨眉山竹叶青茶业公司开设了竹叶青论道生活馆，其集茶叶售卖和品茶于一体。

（3）悦来茶园。成都的部分茶馆有特色表演——川剧，悦来茶园是其中的代表之一，也是成都为数不多的室内老茶馆。悦来茶园的前身为老郎庙，在 1909 年实业家樊孔周创建了悦来茶园，至今一直保留川剧表演。除了原有的戏迷茶客，还有许多游客慕名而来，他们喝茶、看戏，感受成都的本土生活。

5. 粤派茶馆

广州"重商、开放、兼容、多元"的地方特色在当地茶馆中表现得很明显。与其他地域不同的是，广州的茶馆多被称为茶楼，楼上是茶馆，楼下是卖小吃茶点，典型的特点是"茶中有饭，饭中有茶"，餐饮结合。广州人向来有饮茶的习俗，尤其是"喝早茶"，以茶为铺的经营模式是传统粤派茶馆最鲜明的特色。随着现代人们生活水平的提高，现代化的粤派茶馆更注重服务性和内容性的多元化，并引入更多的经营项目，做到将传统茶文化与现代文化相结合，开创了新型的、紧跟潮流的茶馆文化。粤派茶馆连锁品牌有瑞丰茶馆、小茶闲舍等。

（1）瑞丰茶馆。瑞丰茶馆是瑞丰实业旗下的连锁品牌，共设有天河旗舰店、东环店、芳村店、东莞店、东山店、迎海店等近10家连锁店，同时在云南思茅、福建安溪等地拥有无污染茶园和先进的茶叶生产基地，已逐渐发展成为业界龙头，是广州较大的连锁茶馆。茶馆提供全国各地的六大茶类，其中包括御前龙井、碧螺春、铁观音、大红袍、普洱茶等多个品种，另外有一些经销品牌，比如，下关沱茶、泾渭茯茶、福鼎白茶等，近几年增加了茶礼品定制服务。

（2）小茶闲舍。小茶闲舍是新中式商务茶空间连锁品牌，专注于做"都市人的第二客厅"。以"归"为理念，遵循"大道至简，万物归一"，在当下中西文化交融的世界里，致力于弘扬中国茶生活文化，探索属于茶馆新的面貌，为茶客提供私密、雅致的茶空间和全新的会客及会务体验。从2017年至今，小茶闲舍在广州已经拥有6家连锁商务茶空间；其旗下的茶叶品牌"小茶一丛"自2015年诞生以来，深入全国各大茶区，建立了20个茶叶源头基地，为茶客精选出18种中国好茶。2019年，小茶闲舍获得全国茶馆等级评审委员会授予的"中国五星级茶馆"认证。随着商务茶空间运营模式的日臻成熟，小茶闲舍将引领广州市茶馆行业的发展，并逐步向全国各大城市辐射。

任务实施

步骤一：组建学习任务小组
教师根据学生的学号随机划分学习任务小组，每5~6人为一个学习任务小组，由任务小组成员自行选举小组长。

步骤二：任务分工
由小组长组织小组成员对如何完成本模块的学习任务"认识茶馆连锁经营文化品牌内涵"进行充分讨论，制订完成该学习任务的初步计划，同时小组成员之间做好任务分工。例如，可以将认识茶馆连锁经营文化品牌内涵分解为以下两个子任务。

（1）全国茶馆连锁经营文化品牌。主要介绍文化品牌的内涵、全国十大茶馆连锁品牌，以及这些全国茶馆连锁品牌的共同特点。

（2）茶馆连锁经营地方文化品牌。主要介绍地方的茶馆连锁经营文化品牌，以及这些地方茶馆连锁经营文化品牌的特色文化等。

步骤三：为讲演介绍做准备
小组成员做好分工后开始搜集资料，可以从网上搜寻，或去图书馆翻书查阅，或实地探访茶馆，对茶馆经营者进行访谈，把搜集的资料整理成文档，做成PPT或书面报告，由小组成员依次上台讲演介绍。

步骤四：评价
小组成员完成讲演任务后，可以先进行自我评价和自我分析，然后由台下的其他小组成员进行打分和评价，最后由教师进行简要点评并总结。评价内容、评价标准及各项目的分值见本书附录中的任务评价表。

任务巩固与案例分析

一、任务巩固

（1）谈谈你对我国十大茶馆连锁品牌文化内涵的理解。

（2）概述我国茶馆连锁经营地方文化品牌的特色。

二、案例分析

新中式茶馆能否成为下一个茶饮风口

2021年，新中式茶馆走入大众视野，tea'stone两度获融资，全国各地都涌现出新茶馆品牌。

2021年6月，坐茶在重庆开了第二家店。此外，沈阳的"悟我找茶"、合肥的"一叶觅山"、南宁的"黑潮茶人"等新中式茶馆都凭借优质的环境，提供更适合年轻人的饮茶体验，占据了地区内的好评榜前列。

资本也在关注新中式茶馆。深圳的tea'stone将传统茶文化与现代场景相融合，2021年年初两度获得融资。总的来说，"新中式茶馆"正在全国一线、新一线城市不断开设。这类茶馆的特点是，门店可以看出浓浓的"新中式风"，售卖冷萃茶、鲜煮茶、热泡茶，也涵盖零售茶包、茶器等，在场景上满足年轻一代的商务、社交需求。

它的火爆让人不禁思考：新中式茶馆有望成为下一个茶饮风口吗？

找到了市场缝隙的新中式茶馆，正在快速布局。但它的发展仍然面临很多待解决的难题。

（1）品牌力弱，缺乏标签和认知。这是今年新中式茶馆的共性问题：缺乏品牌力。首先，新中式茶馆处于区域化发展阶段，还没有出现头部品牌，也没有爆款产品。在消费端，如果没有统一的标签和认知，很难推动一个品牌、一条赛道持续出圈。

（2）模式重、投入高，只适合资深玩家。有行业人士为我算了一笔账，选址在一线城市、二线城市的核心商圈，店铺面积为150平方米左右，算上装修、设备采用费用，以及开店前期的运营费用，最少需要花费130万元。这样的一家店的投入，几乎可以开设3~4家茶饮店。另外，筹备时间更久，坐茶的老板告诉我，因为没有供应链资源，他的第一家门店筹备了3年半才开业。而即使开了门店，如果找不到空间与平效的平衡点，可能开店即赔本，分分钟开启"倒闭倒计时"。

（3）打卡属性强，说服"奶茶女孩"需要时间。有一位老板告诉我，目前门店的主流客群仍旧是爱拍照、爱分享的"奶茶女孩"们。这一波的开店红利还没过去，但未来能有多少复购，至今仍然是一个未知数。

新中式茶馆是第三空间的一种表现形式，本质上是在顺应新消费的浪潮。但我们不难发现，除了空间，当前的新中式茶馆似乎并没有给客户带来更多的记忆点。年轻人依旧"没那么懂茶"。想要带领年轻人爱上中国茶，爱上"茶空间"，还有很长的一段路要走。而这条路还在等待品牌的崛起。

通过阅读以上关于新中式茶馆的材料，谈谈你对文化品牌对于茶馆连锁经营重要性的认识。

任务二　塑造茶馆连锁经营品牌

【任务分析】

当代商品经济高度发达，同时产品同质化程度越来越高，在这种情况下，品牌成了企业的个性化标志，品牌效应在一定程度上决定了企业所占的市场份额。一个企业要取得良好的品牌效应，需要加大品牌宣传力度，扩大传播途径，让更多的消费者对品牌产生认知。因此，对于茶馆经营者而言，掌握茶馆连锁经营品牌塑造的方法，塑造茶馆连锁经营品牌，才能在市场竞争中立于不败之地。

【任务目标】

知识目标	1. 了解新媒体的概念和内涵 2. 了解茶馆连锁经营新媒体运营品牌塑造的方法 3. 了解茶馆连锁经营行业品牌塑造的方法 4. 了解茶馆连锁经营供应链管理品牌塑造的方法
技能目标	1. 掌握茶馆连锁经营新媒体运营品牌塑造的方法 2. 掌握茶馆连锁经营行业品牌塑造的方法 3. 掌握茶馆连锁经营供应链管理品牌塑造的方法
思政目标	1. 了解茶馆品牌文化，增强民族自信、文化自信，树立品牌意识 2. 掌握现代经营管理方法，学习新媒体技术 3. 掌握品牌塑造的方法，提升职业素养

任务知识点

知识点1　茶馆连锁经营新媒体运营品牌塑造

1. 新媒体运营的概念和内涵

新媒体运营是指通过现代化移动互联网，利用抖音、快手、微信、微博、今日头条、微视、小红书等新兴媒体平台进行产品宣传、品牌推广、产品营销的一系列运营手段。通过策划与品牌相关的优质的、具有高度传播性的内容和线上活动，广泛、精准地向客户推送消息，提高参与度和知名度，从而充分利用粉丝经济，达到相应的营销目的。

近年来，新媒体的发展可以说是十分迅猛的。当前的新媒体主要有以下几个类别：以今日头条、微信公众号、百家号为代表的资讯新媒体；以抖音、快手、微视为代表的短视频和直播新媒体；以知乎为代表的问答新媒体；以小红书为代表的社区新媒体；以微博、微信为代表的社交新媒体；以微信群为代表的社群新媒体；以喜马拉雅为代表的音频新媒体等。尤其是以抖音、快手、微视为代表的短视频和直播新媒体，在传播方面显示出巨大威力。新媒体发展至今，早已呈现出去中心化和百花齐放、百家争鸣的状态。

2. 茶馆连锁经营新媒体运营品牌塑造

随着互联网的高速发展，新媒体发展十分迅速。要在茶馆连锁经营中塑造品牌，可以通过搭建新媒体矩阵来进行品牌塑造和推广。

（1）通过今日头条、微信公众号等资讯新媒体运营塑造品牌。湖畔居茶楼和杭州青藤茶馆的微信公众号如图 6-11 所示，要通过微信公众号进行品牌塑造和推广，首先要直接用品牌名称注册官方微信公众号，客户主要通过它来认识这个品牌。其次进行品牌设计，在图像上放置茶馆连锁经营品牌的 LOGO，可以采用拟人化的品牌形象定位。因为即使客户或许记不住你的品牌名称，但个性明确、形象独特的拟人化的品牌形象会给他们留下更长久的记忆和更深刻的品牌印象。再次要定期更新动态，发布促销活动或更新与品牌相关的内容资讯，进行品牌宣传。最后要与粉丝进行互动，及时对粉丝留言、评论、关心的问题等进行回复。

图 6-11 湖畔居茶楼和杭州青藤茶馆的微信公众号

(2)通过短视频运营塑造品牌。在内容营销时代,品牌营销已和以往的形式不同,传统的品牌营销通过图文讲述品牌故事的情况更适用于慢节奏的商业期,相比短视频的表现力它的内容更单一。短视频更侧重于用动态影像创作的角色来打动客户,从而让他们与品牌的产品或服务建立情感纽带,音乐、背景、故事都可以让客户更真切地感受到与品牌产生的情绪共鸣,是更具表达力的内容业态。短视频是当下年轻化受众最潮流的社交方式,更是年轻化社会的社交名片。

通过短视频运营塑造品牌有以下 3 个要点:一是注意找准"社交话题"。先搜集一个目标受众切实关心的问题,然后思考如何能将问题和品牌相关联,借助短视频的丰富表达力来解答,将使品牌推广的内容获得大量种草。二是品牌内容场景化。21 世纪是广告世纪,每天的生活都充斥着各种各样的广告,我们永远不知道展现在眼前的是广告营销还是趣味故事。没有人喜欢看广告,却没有人不爱听故事,内容营销相比不接地气的广告片来说,更需要讲一个富有感染力的故事,简言之就是卖情怀,把品牌所传递的三观、价值、文化和内涵融入短视频故事中,最终实现品牌塑造和口碑提升,从而吸引客户。三是通过"网红"搭建品牌与客户的情感纽带。通过"网红"拍摄短视频,这些"网红"在短视频领域的影响力有时候甚至是远超一些明星艺人的。如图 6-12 所示为隐溪茶馆的视频号。

图 6-12 隐溪茶馆的视频号

（3）通过直播塑造品牌。一场优质的直播活动能为品牌营销创造重要价值。直播可以挖掘培养忠实客户，增加客户的黏性和忠诚度；可以提升线上相关的产品体验，塑造良好的品牌形象；还可以提升品牌曝光率，能够针对精准客户快速曝光，增加品牌价值及品牌效应。要想通过直播来塑造品牌，茶馆可以先在抖音等平台注册企业号，然后签约网红主播，或者请一些茶艺师进行直播，主要介绍茶叶知识、茶文化、茶艺文化、茶馆品牌、茶馆发展历史等。

3. 茶馆连锁经营新媒体运营品牌塑造的成功案例

下面以喜茶为例，介绍茶馆连锁经营如何通过新媒体运营塑造品牌。

近年来，随着我国经济的不断发展，人民生活水平不断提高，消费结构逐步升级，休闲消费所占的比重不断上升，人们越来越注重饮食健康，新式茶饮品牌的不断创新发展满足了不同消费群体的需求。相关数据显示，2021年，新式茶饮市场规模达1100亿元。随着新媒体的不断发展，喜茶（见图6-13）通过新媒体品牌传播取得了巨大的成功，逐渐成为比较受消费者喜爱的新式茶饮品牌。

图 6-13 喜茶

喜茶 HEYTEA 起源于一条名叫江边里的小巷，原名为皇茶 ROYALTEA，由于无法注册商标，故全面升级为注册品牌——喜茶 HEYTEA。喜茶为芝士现泡茶的原创者，自创立以来，喜茶一直专注于呈现来自世界各地的优质茶香，让茶饮这一古老文化焕发出新的生命力。

喜茶通过新媒体运营塑造品牌获得成功主要运用了以下策略。

（1）渠道整合。随着互联网技术的日益成熟，新媒体环境下的品牌传播渠道不断涌现，喜茶通过整合微博、微信、抖音、网站等传播渠道，构建品牌传播矩阵，实现品牌传播，增加品牌销售量。例如，喜茶微信公众号在 2020 年 10 月共发推文 20 篇，平均阅读量为

55850次，点赞数量为3030个，平均在看数为99.75位，每次发布的头条推文基本都能突破10万次的阅读量。喜茶官方认证微博目前拥有76万个粉丝，每日更新2~3条微博，每条微博都有数百个甚至数千个粉丝进行留言互动。喜茶抖音官方账号目前拥有66.8万个粉丝，累计获赞735.7万个。

（2）内容创新。当今是内容为王的时代，喜茶通过对目标客户进行系统分析，定位目标客户的心理需要和痛点，让客户在不同的传播渠道中物质与心理需求得到满足，从而增加客户黏性。

（3）跨界合作。对目标受众重合度高、行业分化严重的品牌而言，开展跨界合作可以使双方的受众群体产生交集，从而提高彼此的客流量。从今年开始，喜茶先后与贝玲妃、美宝莲、W酒店等品牌合作。通过跨界合作或推出特制的会员卡，让客户感到精神振奋，并心甘情愿地与社会媒体进行信息分享与传播，喜茶以较低的成本吸引了新的客户。

知识点2　茶馆连锁经营行业品牌塑造

1. 行业品牌塑造的概念和内涵

所谓行业品牌，就是用来识别、区分某一行业或产业的所有生产者或某类生产者的标识组合。品牌塑造是指给品牌以某种定位并为此付诸行动的过程或活动。品牌塑造是一个系统的、长期的工程，其中品牌知名度、美誉度和忠诚度是品牌塑造的核心内容。

2. 茶馆连锁经营行业品牌塑造的方法

（1）树立品牌战略。在茶馆连锁经营过程中要树立品牌战略，增强客户对品牌的认同感。实施品牌战略可以从品牌个性、品牌传播、品牌销售、品牌管理等多个方面着手。

① 品牌个性包括品牌命名、LOGO、Slogn（标语）、产品设置、包装设计、品牌概念、代言人、客户群、空间装修等，比如，老舍茶馆坚持传统风格，坚守特色，于是形成了北京茶馆的标志性记忆。

② 品牌传播包括广告风格、传播对象、媒体策略、口碑形象、终端展示等。宣传路径决定了面向人群可以主要攻克某一领域，可以运用传统媒体和新媒体进行整合营销。

③ 品牌销售包括渠道策略、人员推销、店员促销、广告促销、优惠酬宾等。

④ 品牌管理包括品牌精神理念规划、品牌视觉形象体系规划、品牌空间形象体系规划、品牌传播策略规划、公关及营销策略规划等，以及队伍建设、营销制度建设、品牌维护、终端建设、士气激励、渠道管理、经销商管理等。

（2）进行准确的品牌定位。品牌定位是指企业在市场定位和产品定位的基础上，对特定的品牌在文化取向及个性差异上的商业性决策，它是建立一个与目标市场有关的品牌形象的过程和结果。在茶馆连锁经营中要有清晰的品牌定位，通过创建新品类获得差异化优势，削弱竞争对手的相关性，从而成为茶馆行业细分市场的代名词。

（3）创建有温度的品牌故事，直接赋予品牌情感价值，让客户理念与品牌理念相结合，对关联品牌产生持久的记忆，极大地增强品牌联想度。

（4）重视知识产权保护。自创建品牌起就要重视知识产权保护，同时为日后进行品牌升级、品牌创新、品牌延伸、品牌扩张做好准备，实现品牌的可持续发展。

（5）聚焦高价值的客户，挖掘有潜力的客户，制订并实施忠诚客户计划，提供物超所值的附加服务，有效地提升客户对品牌的偏好度、满意度和忠诚度。

（6）刺激客户自发传播，增加客户的参与度，通过策划合理的裂变营销方案实现传播效果最大化，让品牌与客户建立长期、稳固的关系。

（7）提高服务质量。茶馆的核心是服务，茶馆的服务可以把茶馆的茶水、空间、时间、文化这四大核心要素凝聚起来，为塑造茶馆的品牌形象打好基础。提高茶馆的服务质量，除了要建立标准化的服务体系，还要提高员工的专业服务素养，增强其高质量服务的意识。

（8）综合运用多种营销策略，包括差异化营销、分众营销、合作营销、交叉营销、文化营销等多种营销策略，使茶馆在行业中树立良好的品牌形象。

知识点3　茶馆连锁经营供应链管理品牌塑造

1. 供应链管理的概念和内涵

供应链管理是指使供应链运作达到最优化，以最少的成本令供应链从采购开始到满足最终客户需求的所有过程。它包括计划、采购、制造、配送、退货5个模块的内容。

供应链管理被国外成熟的商业理论认为是零售业的核心，一切连锁零售业态最终都要拼供应链管理的能力。典型的企业如沃尔玛、亚马逊，餐饮领域的企业如麦当劳、肯德基，以及茶饮界创投者们言必称的星巴克，无不是在解决了供应链管理上的问题后，实现了大规模扩张。因此，茶馆连锁经营要想塑造品牌，供应链管理是必须要做的。

有效的供应链管理可以帮助企业实现4个目标：缩短现金周转时间、降低企业面临的风险、实现盈利增长、提供可预测收入。

2. 茶馆连锁经营供应链管理品牌塑造的方法

（1）统一采购。进行统一采购是实施规模化、集约化经营的主要手段。茶馆连锁经营进行统一采购、大批量进货，有利于提高茶馆连锁企业在与供应商谈判时的议价地位，得到更优惠的进货价格；有利于茶馆连锁企业节约人力、物力资源，降低商品的采购成本；有利于茶馆连锁企业完善组织机构建设，进行有效监控，规范采购行为。正是由于进行统一采购，茶馆连锁企业才能享受优惠的进货价格、可靠的商品质量、畅销的商品品种和优质的服务，使企业在激烈的市场竞争中处于相对有利的地位。

（2）确定与优化茶馆产品结构，树立茶馆特色产品品牌。在茶馆连锁经营中，各分店皆有其主力产品。主力产品是塑造个性及差异性的主要产品，它在茶馆产品结构中或许比重只有20%~30%，但是却为茶馆连锁企业创造了80%左右的销售业绩。因此，各分店应重点经营主力产品，这些主力产品就是茶馆的产品品牌。为保证品牌产品的品质，要做到在采购中优先、在资金使用中优先、在配送中优先、在促销中优先、在陈列中优先、在库位存储中优先等。

（3）加强对供应商的管理，保证产品供应。茶馆连锁企业一般都会有多家供应商，因此要对供应商进行管理，要尽量挑选优质的供应商，以保障原料供应的稳定。对供应商进行管理可以从以下6个方面入手：一是建立供应商档案，将每一个供应商的基本资料归档，基本资料包括公司名称、地址、电话、负责人、资本额、营业证件号、营业资料等。二是建立供应商产品台账，包括产品的序号、品种、名称、规格、单位、进货量、售价、进价、毛利率、销售额等。三是统计、分析销售量。对每一个供应商所提供的商品数量、销售额进行统计，并列出供应商销售数量列表作为议价谈判的依据。四是对供应商进行评价，比如，可以从商品的畅销程度、缺货率、配送能力、供应价格、促销配合、商品品质、退货服务等方面对供应商进行评价。五是对采购合同进行管理，可以配置专职或兼职管理人员，统一负责采购合同的造册登记和存档。六是建立产品及服务检查制度，采购人员应定期抽查或从分店了解供应商所提供的商品品质、销售量、供应商服务保证等问题，及时向总部汇报，并与供应商及时沟通解决问题。

（4）统一配送。茶馆连锁企业为保证各门店的产品供应，可以组建自营型的配送中心，由配送中心统一配送产品。统一配送产品的好处有两点：第一，可以减少送货交通流量，提高送货车辆满载率，从而减少送货费用，降低茶馆连锁企业的物流成本。第二，可以缩短补货时间，提供更高效、优质的补货保证，从而进一步满足销售的需求，提高企业的竞争能力和经济效益。

（5）加强仓储管理。对于配送中心的来货，首先要进行验收，验收时要按照合同上的有关规定，对产品的质量、品种、数量、包装等进行验收，对于合格的产品要办理入库手续，对于不合格的产品要进行退货处理。对入库后的产品要进行分区、分类管理，同时做好产品的保养工作，防止茶叶等产品变质。

任务实施

步骤一：组建学习任务小组

教师根据学生的学号随机划分学习任务小组，每5~6人为一个学习任务小组，由任务小组成员自行选举小组长。

步骤二：任务分工

由小组长组织小组成员对如何完成本模块的学习任务"塑造茶馆连锁经营品牌"进行充分讨论，制订完成该学习任务的初步计划，同时小组成员之间做好任务分工。例如，可以将该学习任务划分为以下3个子任务。

（1）茶馆连锁经营新媒体运营品牌塑造。主要介绍新媒体运营的概念和内涵，以及茶馆连锁经营新媒体运营的方法。

(2) 茶馆连锁经营行业品牌塑造。主要介绍行业品牌的概念和内涵，以及茶馆连锁经营行业品牌塑造的方法。

(3) 茶馆连锁经营供应链管理品牌塑造。主要介绍供应链管理的概念和内涵，以及供应链管理品牌塑造的方法。

步骤三：为讲演介绍做准备

小组成员做好分工后开始搜集资料，可以从网上搜寻，或去图书馆翻书查阅，或实地探访茶馆，对茶馆经营者进行访谈，把搜集的资料整理成文档，做成PPT或书面报告，由小组成员依次上台讲演介绍。

步骤四：评价

小组成员完成讲演任务后，可以先进行自我评价和自我分析，然后由台下的其他小组成员进行打分和评价，最后由教师进行简要点评并总结。评价内容、评价标准及各项目的分值见本书附录中的任务评价表。

任务巩固与案例分析

一、任务巩固

(1) 假如你是一名连锁茶馆的员工，总经理安排你通过新媒体进行连锁茶馆的品牌宣传，你应该如何做？

(2) 茶馆要通过连锁经营成为行业品牌可以从哪些方面入手？

二、案例分析

新中式茶饮的下半场重在供应链管理

茶饮连锁从20世纪90年代开始的"粉末茶"到随后的"基底茶"，再到如今引领年轻一代喝传统茶的"萃取茶"，休闲茶饮业与零售之间的这种关联度更加明确，那就是供应链管理的完备。

供应链管理被国外成熟的商业理论认为是零售业的核心，一切连锁零售业态最终拼的都是供应链管理的能力。典型的企业如沃尔玛、亚马逊，餐饮领域的企业如麦当劳、肯德基，以及茶饮界创投者们言必称的星巴克，无不是在解决了供应链管理上的问题后，实现了大规模的扩张。

新中式茶饮到了要看准、走好这一步的时候。而供应链管理在国内整个商业环境下还只是一种模糊的、不成熟的、摸索阶段的事物，更不用说茶饮行业了。

目前，新中式茶饮的供应链管理已经初见体系，但更多是在不自知的情况下进行的。如何把成体系的、科学的供应链管理融合到餐企的日常经营管理中并形成壁垒，才是这个看似"低门槛"行业积累核心竞争力的关键。

茶饮市场在中国的发展跟20世纪90年代初期美国的咖啡市场相似，茶不再是老派、昂贵的标签，市场在转型，需求在转变。这种更加注重品质，在朝着精品茶饮方向转变的新中式茶饮风潮中，走出一批受资本青睐的宠儿，比如喜茶、因味茶等，对外公布的融资金额均是亿元级别。

它们融资过后，自然就要在扩张步伐上提速。随之而来的供应链管理问题就更加凸显。制作基底茶的茶叶就成了新中式茶饮品牌的命门、供应链管理的核心及最大的成本。

供应链管理并非找几个茶园来为自己供货那么简单。供应链管理涉及了很多环节，不仅是一条连接供应商和消费者的物料链、信息链、资金链，同时更重要的是，它是一条增值链。

在现代管理理论的"供应链"定义中，它是将供应商、制造商、分销商、零售商直到最终的消费者连成一个整体的功能网链模式。一条完整的供应链应包括供应商、制造商、分销商、零售商（卖场、百货商店、超市、专卖店、便利店和杂货店）及消费者。而在这些环节中，供应链管理的关键部分在随着社会发展而不断发生着变化。

在供应链管理中，管理供应商的环节格外被重视，不少茶饮品牌都在上游布局自己的茶山、茶园、茶厂，可以说出产品牌独家的"定制茶"解决了招牌产品的源头品质问题，而在这个强调产品品质、高度竞争的行业，由于消费者驱动加强且核心产品的生命周期缩短，迫使企业越来越重视管理效率的提升。

随着新、旧产品线的不断更替，必然免不了加入更多的国内外茶产地、增加供应商，此时就会涉及对供应商的管理、物流的管理，以及对供应链成本结构的优化。

供应链管理的最高境界是可以看到源头与终端，满足消费者的口味需求和健康需求，并让合作的茶农按需生产、提升效益，进而乐于种出更好的茶叶，同时解决各种问题，催生更多降低供应链成本的新方法。

在国内的新中式茶饮品牌中，几家品牌不断获得巨额融资，除了深化品牌、引领消费文化和加速开店，还要重新定义产品、重新构建茶叶供应链。这就涉及到与供货方的信息共享和建立在共赢基础上合作；通过大数据整合全国甚至全球零散分布的茶园、茶农、供应商与原产地仓储；主打茶品的规模化供应与前端消费需求紧密衔接。

这恰恰与当下的新零售理念不谋而合。可以说新中式茶饮是带着新零售基因的，能不能激发它，凭借它构建自己的零售霸权，就要看品牌方的眼光和操盘执行力了。

据观察，上游的茶企在这波新零售浪潮中找到了自己的位置。一些供应商开始站在供应链的角度重新定位自己，以定制产品、行业趋势咨询与品牌服务等来系统地服务这些新兴的茶饮零售终端，并按其标准来组织供应链。

通过阅读以上关于新中式茶饮的材料，谈谈你对供应链管理对于茶馆连锁经营品牌重要性的认识。

附录　任务评价表

姓名：		班级：	学号：		
	评价内容	评价标准		分值	得分
自我评价	工作态度	态度是否端正，在完成任务时是否认真		10	
	思政融入	在完成任务时是否充分融入课程思政内容		10	
	传统文化融入	在完成任务时是否充分融入中华传统文化知识		10	
	操作技能	工作任务的完成程度、对操作技能的掌握程度		10	
	工作效果	是否按时、保质、保量地完成任务		10	
	职业素养	知识与技能的灵活应用		10	
	沟通交流能力	在完成任务的过程中是否进行充分的沟通交流		10	
	团队协作能力	在完成任务的过程中是否与组员通力协作		10	
	文案写作能力	在完成任务的过程中形成的书面报告是否条理清晰、内容翔实		10	
	讲演表达能力	在台上讲演介绍时是否自信、大方，表达流利顺畅		10	
小组评价	工作态度	态度是否端正，在完成任务时是否认真		10	
	思政融入	在完成任务时是否充分融入课程思政内容		10	
	传统文化融入	在完成任务时是否充分融入中华传统文化知识		10	
	操作技能	工作任务的完成程度、对操作技能的掌握程度		10	
	工作效果	是否按时、保质、保量地完成任务		10	
	职业素养	知识与技能的灵活应用		10	
	沟通交流能力	在完成任务的过程中是否进行充分的沟通交流		10	
	团队协作能力	在完成任务的过程中是否与组员通力协作		10	
	文案写作能力	在完成任务的过程中形成的书面报告是否条理清晰、内容翔实		10	
	讲演表达能力	在台上讲演介绍时是否自信大方，表达流利顺畅		10	
自我分析	在完成任务的过程中遇到的难点及解决方法				
	不足之处				
综合评价	自我评价（20%）	小组评价（30%）	教师评价（50%）	综合得分	

参考文献

[1] 周爱东. 茶馆经营管理实务[M]. 北京：中国商业出版社，2007.
[2] 夏良玉. 茶馆经营与管理[M]. 北京：中央广播电视大学出版社，2015.
[3] 窦志铭. 连锁经营管理理论与实务[M]. 4版. 北京：中国人民大学出版社，2019.
[4] 吕有才. 茶馆经营与设计[M]. 西安：世界图书出版西安有限公司，2014.
[5] 法苏恬. 茶馆设计百问百答[M]. 长沙：湖南美术出版社，2010.
[6] 文琼. 茶艺[M]. 北京：高等教育出版社，2016.
[7] 樊丽丽. 茶技茶艺与茶馆经营全攻略[M]. 北京：中国经济出版社，2007.
[8] 祈梦华. 连锁零售业态及其在中国的发展[M]. 北京：中国商业出版社，2003.
[9] 侣玉杰，郑立. 零售管理[M]. 北京：中国人民大学出版社，2019.
[10] 徐印州. 零售连锁经营[M]. 广州：广东经济出版社，2004.
[11] 方名山. 连锁经营原理[M]. 北京：高等教育出版社，2008.
[12] 深圳市金版文化发展有限公司. 茶馆[M]. 海口：南海出版社，2006.
[13] 杨顺勇，魏拴成，郭伟. 连锁经营管理[M]. 上海：复旦大学出版社，2007.
[14] 彭纯宪. 连锁经营管理[M]. 北京：机械工业出版社，2011.
[15] 吴佩勋. 零售管理[M]. 上海：格致出版社，2015.
[16] 中国茶叶流通协会，中华合作时报·茶周刊，北京圣唐古驿创意文化集团，全国百佳茶馆经营指南[M]. 北京：龙门书局，2013.
[17] 宋毅彬，姜含春. 中国现代茶馆发展初探[J]. 中国茶叶加工，2006（2）：42-44.
[18] 蔡敏. 中外零售业连锁经营比较研究[D]. 成都：四川大学，2004.
[19] 文瑜. 中外零售业连锁经营比较研究[D]. 北京：对外经济贸易大学，2002.
[20] 沙琦. 中国零售业连锁经营与国际市场接轨探索[J]. 价格月刊，2016（12）：51-54.
[21] 周剑. 中国零售业连锁经营发展现状与对策分析[J]. 企业家天地（理论版），2011（02）：34-35.
[22] 汪佳. 我国零售业连锁经营的发展现状与对策研究[J]. 今日财富（中国知识产权），2021（09）：19-21.
[23] 陈真. 中国零售业连锁经营初探[J]. 消费导刊，2008（11）：76.
[24] 王璐，回瑞娟，孙雨石. 中国茶馆连锁经营的问题及对策研究——以北京市东城区为例[J]. 现代商业，2013（08）：20-21.

[25] 冯斯正. 茶啡茶：茶与咖啡的第三空间试验[N]. 中华合作时报, 2015-08-18（B06）.
[26] 陈圆. 千年变迁看茶馆[J]. 茶博览, 2017（8）:36-41.
[27] 魏鑫. 从日本零售业看中国家电零售模式之争[J]. 现代家电, 2008（12）:25-26.
[28] 赵家钰. 城市茶楼建筑施工技术研究[J]. 福建茶叶, 2021, 43（10）:104-105.
[29] 曲焕波. 茶企业财务管理制度创新发展研究[J]. 福建茶叶, 2018, 40（12）:64-65.
[30] 李莹, 李茜. 茶楼建筑施工技术及工程材料的质量研究[J]. 福建茶叶, 2018, 40（8）:326.
[31] 高欣. 茶馆建筑施工管理中存在的问题及对策[J]. 福建茶叶, 2021, 43（4）:94-95.
[32] 张小利. 茶馆建筑钢结构工程制作安装施工技术探讨[J]. 福建茶叶, 2018, 40（7）:91.
[33] 中华人民共和国商务部. 茶馆经营服务规范（SB/T 10654—2012）[S]. 北京: 中国标准出版社, 2016.
[34] 中华全国供销总社. 茶馆经营管理通用规则（GH/T 1103—2015）[S]. 北京: 中国标准出版社, 2015.
[35] 国家市场监督管理总局, 国家标准化管理委员会. 零售业态分类（GB/T 18106—2021）[S]. 北京: 中国标准出版社, 2021.